Jürgen Handke

Handbuch Hochschullehre Digital

Jürgen Handke

Handbuch Hochschullehre Digital
Leitfaden für eine moderne und
mediengerechte Lehre

Tectum Sachbuch

Jürgen Handke

Handbuch Hochschullehre Digital
Leitfaden für eine moderne und mediengerechte Lehre

© Tectum Verlag Marburg, 2015
ISBN 978-3-8288-3419-4

Umschlagabbildungen: istockphoto.com © Small_loops7 (bearbeitet)
Satz, Layout, Coverdesign: Norman Rinkenberger | Tectum Verlag

Druck und Bindung: CPI, buchbücher.de, Birkach
Printed in Germany
Alle Rechte vorbehalten

Besuchen Sie uns im Internet
www.tectum-verlag.de

Bibliografische Informationen der Deutschen Nationalbibliothek
Die Deutsche Nationalbibliothek verzeichnet diese Publikation in der Deutschen
Nationalbibliografie; detaillierte bibliografische Angaben sind im Internet über
http://dnb.ddb.de abrufbar.

Inhalt

Vorwort

If we teach today's students as we taught yesterday's, we rob them of tomorrow. (Dewey, John. 1944. Democracy and Education. New York: Macmillan Company: 167).

Die Hochschullehre befindet sich in einem dramatischen Wandel, der von verschiedenen Institutionen, z.b. dem Deutschen Hochschullehrerverband oder dem Stifterverband, mit dem Schlagwort „Digitalisierung" assoziiert wird und bisher gängige Bezeichnungen wie z.b. „Neue Medien in der Lehre" oder auch „E-Learning" nahezu vollständig absorbiert hat. Viele meinen, es sei der gravierendste Wandel seit der Erfindung des Buchdrucks (Reif, 2015), und es sei zwingend, dass sich die deutschen Hochschulen diesem Wandel stellen:

Die deutschen Hochschulen müssen bei dieser Entwicklung dabei sein, sonst verschwinden sie von der Landkarte. (Margaret Wintermantel, Präsidentin des DAAD, ehemalige Präsidentin der HRK; November 2013; Berlin: MOOCs and Beyond, [V5: 20:01- 20:10]).[1]

Die zentralen Elemente der Hochschullehre, das Lehren, Lernen und Prüfen, werden sich massiv verändern, aber auch neue Möglichkeiten für die Präsenzlehre vor Ort eröffnen.

Viele Hochschullehrer[2] stehen dieser Entwicklung gelinde gesagt „sehr zurückhaltend", bisweilen aber auch fast hilflos gegenüber,

---

[1]   Analog zu Seitenreferenzen in schriftlichen Publikationen verwenden wir in der Folge Zeitmarken in Audio- bzw. Videomaterialien als Referenzen. Die exakte Referenz befindet sich in der Bibliographie in Abschnitt VII.3: „Videoreferenzen".

[2]   Aus Gründen des besseren Leseflusses wird im gesamten Buch stets die kürzere maskuline Schreibweise verwendet. Ungeachtet dessen sind zu

und auch die Hochschulen bieten noch zu selten Alternativen zu klassischen Präsenzszenarien an (Dräger/Ziegele, 2014:13). Die Gründe dafür sind sehr vielfältig: nicht ausreichende eigene Medienkompetenz, Kontrollverlust bis hin zu Ängsten, als Lehrer nicht mehr benötigt zu werden und fehlende Flexibilität auf Seiten der Hochschulen.

Mit vorliegender Anleitung sollen Wege aufgezeigt werden, wie der Einstieg in die Digitalisierung gelingen kann. Ausgehend von klar umrissenen Problemen der Hochschullehre sollen insbesondere die sich die durch eine Digitalisierung von Lehrmaterialien ergebenden Möglichkeiten diskutiert und anhand von konkreten Beispielen umgesetzt werden.

Die Vorgehensweise in dieser Anleitung zur Digitalisierung lässt sich nach einem einfachen Schema beschreiben, welches in Abbildung 1 dargestellt ist.

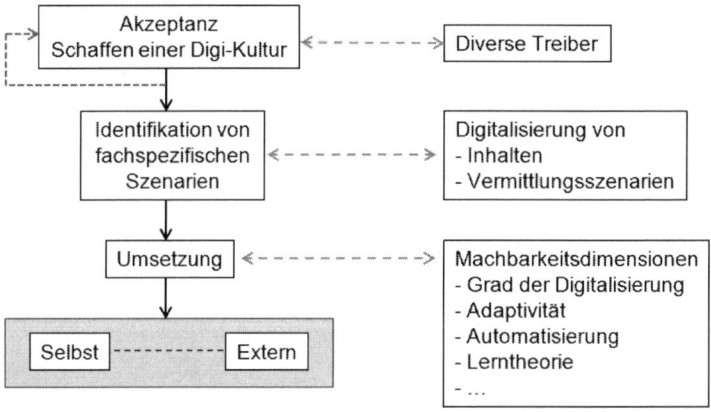

Abb. 1: Digitalisierung der Hochschullehre: Von der Akzeptanz zur Umsetzung

Demnach ist die Grundlage für jedwede Digitalisierung zunächst einmal die Schaffung einer allgemeinen Akzeptanz oder anders

---

jeder Zeit Studentinnen und Studenten, Schülerinnen und Schüler, Lehrerinnen und Lehrer usw. gleichermaßen angesprochen.

ausgedrückt, die Schaffung einer digitalen Lehr- und Lernkultur. Wenn allerdings weder Lehrende noch Studierende digitale Lehr- und Lernszenarien wollen, wenn keine Kultur der Digitalisierung entsteht und auch die verschiedenen Treiber der Digitalisierung ignoriert werden, wenn Hochschulleitungen dem Thema Digitalisierung gegenüber desinteressiert sind, dann wird es schwierig, auch bei besten Voraussetzungen Überzeugungsarbeit zu leisten.

So winken viele meiner Fachkollegen immer noch ab, wenn das Thema Digitalisierung der Lehre auf die Tagesordnung gelangt. Selbst wenn man sie darauf aufmerksam macht, dass ihr eigenes Verhalten in Sachen Mediennutzung in der Forschung und auf Fachtagungen von dem ihrer Klientel, den heutigen Studenten, gar nicht so unterschiedlich ist, so sind nur wenige meiner Kollegen den Digitalisierungsbemühungen in der Lehre gegenüber aufgeschlossen. Daher gilt es zunächst, aus der Verteufelung eine Akzeptanz zu erzeugen. Und das kann dauern!

Doch irgendwann werden wahrscheinlich auch die letzten Fachkollegen davon überzeugt werden können und müssen, dass die traditionelle Lehre im heutigen digitalen Zeitalter in vielen Bereichen ein Auslaufmodell und nicht mehr zeitgemäß ist, und dass Überlegungen getroffen werden müssen, welche Bestandteile des eigenen Faches digitalisierbar sind.

So verfügt z.B. jedes Fach über glossar-ähnliche Bestandteile, immer wiederkehrende Definitionen und Erklärungen bis hin zu turnusmäßig angebotenen Lerneinheiten in Kursform. Diese sind das Ziel unserer Digitalisierungsbemühungen in dieser Anleitung, und es soll überlegt werden, wie eine Umsetzung realisierbar ist. Dabei spielt der Aspekt ‚Machbarkeit‘ eine zentrale Rolle. So sind Szenarien, die bereits seit den 1970er Jahren unter dem Begriff „Intelligent Tutoring Systems" zusammen gefasst wurden und zum Ziel hatten, adaptive Lernelemente zu schaffen, in einiger Zeit sicherlich ein anzustrebendes Ziel. Derzeit allerdings ist ein solches Unterfangen – zumindest flächendeckend – unrealistisch. Daher sollte stets eine Abwägung zwischen dem Gewünschten und dem Machbaren vorgenommen werden.

Darüber hinaus ist der Grad der Automatisierung von Lehr- und Lernszenarien eine nicht zu unterschätzende Variable. So bedeuten zusätzliche Aufgaben, wie z.b. die Korrektur studentischer Arbeiten, gerade bei hohen Teilnehmerzahlen an Lehrveranstaltungen einen erheblichen Aufwand, den es zusätzlich abzuschätzen gilt.

Sind die Ziele der Umsetzung unter all diesen Voraussetzungen geklärt, bleibt noch eines: Produziert man die gewünschten digitalen Elemente selbst oder nutzt man Materialien von dritter Seite? Dass in beiden Fällen gute Ergebnisse erzielt werden können, ist ein zentrales Anliegen dieses Buches.

Eines sollte bei all dem jedoch nie vergessen werden: Die Digitalisierung von Inhalten für die Lehre sollte immer vor dem Hintergrund von Mehrwertaspekten betrachtet werden. Ein Lehrvideo z.b. ist wertlos, wenn nur der Aspekt der örtlich und zeitlich unbegrenzten Verfügbarkeit im Vordergrund steht, nicht aber der inhaltliche Mehrwert im Vergleich zu klassischen Szenarien, wie z.b. dem Lehrbuch.

Eine Digitalisierung der Lehre allein nur um der Digitalisierung willen bzw. nur, um der geänderten Lebenssituation der heutigen Studenten gerecht zu werden, darf nicht das Ziel unserer Bemühungen sein. Der Leitsatz aller Digitalisierungsszenarien muss in Anlehnung an die Aussage von Aaron Sams während der 1. „Inverted Classroom" Konferenz im Jahr 2012 in Marburg sein:

Didactics must drive Technology and not vice versa! (Die Didaktik muss die Technologie führen und nicht umgekehrt).

Ich bin zahlreichen Personen zu großem Dank verpflichtet, insbesondere meinen Mitarbeitern sowie meinen wissenschaftlichen und meinen studentischen Hilfskräften, die meine Beharrlichkeit in Sachen Digitalisierung seit nunmehr 20 Jahren immer wieder zu spüren bekommen haben, mich oft bremsen mussten, aber stets auch Ideen geliefert haben, die ich mit ihnen zusammen umsetzen konnte.

Mein Dank geht auch an die vielen Hochschulen und Institutionen, die mir die Gelegenheit gegeben haben, meine Vorstellungen von einer tiefgreifenden Digitalisierung der Hochschullehre und damit möglichen Veränderungen publik zu machen. Besonders herausheben möchte ich dabei die Fachhochschule St. Pölten in Österreich, die es geschafft hat, durch einen enormen Einsatz der Hochschulleitung nahezu flächendeckend Digitalisierungskonzepte – insbesondere das „Inverted Classroom" Modell – umzusetzen. Durch einen sehr gut überlegten Mitteleinsatz ist es dort vorbildhaft gelungen, ganze Fachbereiche mit ins ‚digitale' Boot zu holen. Dabei spielen die Mitglieder des Rektorats eine herausragende Rolle, nicht zuletzt dadurch, dass auch sie ihre Lehre ins digitale Zeitalter überführt und ihrem Lehrpersonal die Ernsthaftigkeit ihres Vorhabens vor Augen geführt haben.

Die Vorgehensweise und der Erfolg dieser Hochschule zeigen, wie es geht: Ausgehend vom Präsidium bzw. dem Rektorat kann durch kluge Mittelvergabe und ein hohes Engagement bei der Umsetzung der Übergang ins digitale Zeitalter gelingen.

Ich hoffe, dass ich mit diesem Handbuch dazu beitragen kann, dass der Weg in eine moderne Lehre im 21. Jahrhundert auch denjenigen, die noch zögern, ebenfalls gelingt.

Jürgen Handke, Februar 2015

Der Autor

Jürgen Handke bemüht sich seit Jahren um die Nutzung digitaler Lehr- und Lernszenarien in der Hochschullehre und ist Mitglied im vom Bundesministerium für Bildung und Forschung und dem Stifterverband finanzierten Expertenrat des „Hochschulforums Digitalisierung" in der Themengruppe „Lehren und Prüfen", die Mitte 2014 ihre Arbeit aufgenommen hat.

Er ist zusammen mit seinem Team aus wissenschaftlichen Mitarbeitern und studentischen Hilfskräften Betreiber des *Virtual Linguistics Campus*, der weltweit größten Lernplattform für Inhalte der englischen und allgemeinen Sprachwissenschaft. Sein YouTube-Kanal „Virtual Linguistics Campus" enthält mehrere hundert, frei zugängliche selbst-produzierte Lehrvideos und ist der größte seiner Art. Mit weiteren digitalen Projekten, wie dem *Virtuellen Zentrum für Lehrerbildung*, einem Online-Portal, in dem sich mehrere tausend hessische Lehrkräfte von zu Hause fortbilden, oder dem *Language Index*, einer Plattform für den audio-gestützten Vergleich der Sprachen der Welt hat er in den vergangenen Jahren die Lehre und z.T. auch die Forschung seines Faches an die Gegebenheiten des digitalen Zeitalters angepasst.

Darüber hinaus ist er der deutsche Hauptvertreter des „Inverted Classroom" Modells, mit dem er in seiner „Mastery"-Variante im Jahr 2013 als Preisträger im Hessischen Wettbewerb für Exzellenz in der Lehre ausgezeichnet wurde.

Handke hat mehrere Bücher in den Bereichen Sprachwissenschaft, Sprachtechnologie, sowie E-Education verfasst. Mit diesem Buch möchte er auf der einen Seite denjenigen, die – aus welchen Gründen auch immer – der Digitalisierung der Hochschullehre zögerlich oder gar ablehnend gegenüberstehen, Wege aufzeigen, wie der Einstieg in eine Digitalisierung gefunden werden kann, und auf der anderen Seite denjenigen, die bereits erfolgreich ‚digitale Luft schnuppern', hoffentlich wertvolle Tipps zur weiteren Digitalisierung ihrer Lehre geben.

Thesen und Empfehlungen zur Digitalisierung

Mit einer Reihe von Thesen lässt sich ein Handlungsrahmen für das Gelingen einer zukunftsweisenden Digitalisierung der Lehre definieren. Darauf aufbauend lassen sich zusätzlich einige Empfehlungen zur Umsetzung eines ‚Digitalisierungsplans' aussprechen.

These 1

Digitalisierung ist zum Normalfall geworden.

Ohne den Ausführungen in Kapitel I vorgreifen zu wollen, kann bereits an dieser Stelle konstatiert werden, dass die technologische Entwicklung in den vergangenen Jahrzehnten die Welt dramatisch verändert hat, sodass moderne Technologien heute nicht nur integraler Bestandteil der modernen Arbeitswelt, sondern auch Teil unseres Alltags geworden sind.

These 2

Digitale Lehr- und Lernszenarien verbessern die Hochschullehre.

Auch diese These kann nahezu als ‚Common Sense' behandelt werden. Mit vernünftig umgesetzten Digitalisierungsmaßnahmen lässt sich nicht nur ein enormer inhaltlicher und didaktischer Mehrwert ‚erwirtschaften', sondern es lassen sich zahlreiche Probleme der Hochschullehre lösen (vgl. Handke, 2014a:114).

These 3

Learning is not just Video! (dt. *Lernen besteht nicht nur aus Video-schauen.*)

Diese These, die auf Englisch noch prägnanter zur Geltung kommt als auf Deutsch, wird mittlerweile in vielen Foren und Diskussionen geteilt [INT11]:

„Videos können Freiräume schaffen, ohne Frage, aber die Lehre revolutionieren können sie nicht. Weil Lehre weit mehr ist als ein Buch, als ein Video, als ein Professor, als eine Vorlesung oder eine Übung. Videos sind so wenig Lehre wie es Texte in Büchern sind." (D. Herzberg, 2014)

Nur beherzigt wird das zumeist nicht. Die Digitalisierungsbemühungen vieler Akteure erschöpfen sich oft in der Erstellung von Lehrvideos verbunden mit der Hoffnung, dass auf diese Weise eine neue Lernkultur entstehen kann. Dies – so eine Kernaussauge dieses Buches – funktioniert so einfach nicht.

These 4

Didactics/Pedagogy must drive Technology and not vice versa! (dt. *Die Didaktik muss die Technologie führen und nicht umgekehrt.*)

Leider verpufft auch diese – wiederum auf Englisch griffigere – These an vielen Hochschulen und zentralen Institutionen. Technologische Maßnahmen stehen nach wie vor im Zentrum vieler Bemühungen um eine Modernisierung der Lehre, die Didaktik hechelt oft ziellos hinterher.

Erst wenn es uns gelingt, neue didaktische Szenarien und Lehrmethoden in den Vordergrund unserer Aktivitäten zu stellen und die Technologie entsprechend daran zu orientieren, werden unsere Bemühungen von Erfolg gekrönt sein. Neue Technologien werden benötigt und müssen funktionieren. Sie dürfen aber nicht zur Grundlage unserer Aktivitäten werden.

Diese vier Thesen bilden in der Folge den Rahmen für eine digitale Lehr- und Lernkultur und für die Schaffung einer neuen Ausgangslage, in der Inhaltsvermittlung und Inhaltserschließung schwerpunktmäßig online erfolgen und zusätzliche flankierende Elemente den Lehr- und Lernprozess begleiten.

Zu diesen Thesen kommen nun noch vier Empfehlungen, mit denen die Treiber der Digitalisierungsbemühungen die entsprechenden Maßnahmen einleiten können.

Doch wer sind die Treiber?

Dass weder eine Abstimmung ‚mit den Füßen' durch die Präferenzen der Lernenden noch ein ‚freiwilliges' Bekenntnis zur Digitalisierung seitens der Lehrenden Auslöser für weitreichende Digitalisierungsbemühungen sind, ist mittlerweile hinlänglich bekannt. So heißt es im Bericht der Europäischen Kommission:

> *„In der Hochschullehre besteht eine Kultur des Konservativismus, die geändert werden muss."* (European Commission. 2014:11).[3]

Somit kann die Digitalisierung nur durch politische Maßnahmen im Zusammenspiel mit den Hochschulleitungen zum Erfolg geführt werden, und dabei spielt die folgende Empfehlung die zentrale Rolle:

Empfehlung 1

Entwickeln Sie eine neue Wertschätzung für die Lehre!

Mit dem derzeitigen krassen Missverhältnis zwischen Forschung und Lehre, das in den ungleichen Förderbeträgen für Exzellenzinitiativen zum Ausdruck kommt, aber auch in den geringen Zeitkontingenten, die Hochschullehrer für die Lehre aufwenden wollen und können, wird die Digitalisierung der Lehre nicht gelingen.

Bevor Lehrende sich nicht auch durch ihre Lehre und nicht nur durch ihre Forschung profilieren können, ist eine flächendeckende Digitalisierung unwahrscheinlich.

Empfehlung 2

Verteilen Sie die Lasten auf viele Schultern!

---

[3]   Originalzitat: *There remains a culture of conservativism within European higher education which needs to change.*

Digitalisierung gibt es natürlich nicht zum Nulltarif, ganz im Gegenteil: Für die Erstellung eines einzelnen Online-Kurses entstehen Kosten im sechsstelligen Eurobereich. Versucht man zu sparen, sind die Erfolge so dürftig wie die vieler Massive Open Online Courses (vgl. Handke, 2014c).

Doch muss jede Hochschule alles selbst machen? Ganz sicher nicht, das würde den ohnehin knappen Finanzrahmen vollständig sprengen. Stattdessen sollten sich die Hochschulen zusammenschließen, um die Kosten auf viele Schultern zu verteilen. Mit hochschulübergreifenden digitalen Materialpools, die frei zugängliche digitale Bildungsmaterialien mit selbst erzeugten digitalen Komponenten kombinieren, kann der Kostendruck erheblich gelindert werden: Hochschulen werden so gleichzeitig zu Anbietern und zu Nutzern der digitalen Lehrangebote.

Empfehlung 3

Sorgen Sie für mehr Lehr-/Lerneffizienz durch neue Präsenzformate!

Sind die benötigten Lehr- und Lernmaterialien erst einmal digitalisiert und von entsprechender Qualität, macht es wenig Sinn, die Präsenzlehre so durchzuführen wie bisher. Mit einer vorgeschalteten digitalen Selbstlernphase erhält zum Beispiel die darauf folgende Präsenzphase in derartig invertierten Szenarien eine neue Lehr- und Lernqualität, in der nicht mehr die frontale Inhaltsvermittlung im Zentrum steht, sondern durch permanente Dozent-Student-Interaktion die Möglichkeit geschaffen wird, individuelle Hilfestellungen zu geben, Forschungsfragen gemeinsam zu lösen, zu diskutieren, kurz, die Inhalte auf neue Art und Weise zu vertiefen.

Empfehlung 4

Haben Sie keine Angst vor neuen Lehr- und Lerntechnologien!

Was auf den ersten Blick völlig unproblematisch erscheint, hat sich als große Hürde entpuppt. Viele Lehrende verfügen schlicht nicht über das technische Know-How, neue Lehr- und Lerntechnologien gewinnbringend einzusetzen. Sie sind weder neugierig genug noch bereit, neue Dinge auszuprobieren, und auch die entsprechenden Weiterbildungsangebote verpuffen zumeist. So ist die Forderung der Europäischen Kommission zwar nachvollziehbar, nur bei der Umsetzung hapert es erheblich:

> *„Lehrkräfte [...] müssen die Fähigkeiten und das Wissen erlangen, die verschiedenen Lehr- und Lerntechnologien für ihre Zwecke einzusetzen."* (European Commission, 2014:11).[4]

Wir müssen also, und das ist der Kern der vierten Empfehlung, die Ängste vor neuen Lehr- und Lerntechnologien abbauen, Lehrende *„brauchen [vor allem Medienkompetenz], damit Digitalisierung sinnvoll in didaktische Modelle integriert wird und nicht zum Selbstzweck wird."* (Stampfl, 2014).

Diese Thesen und Empfehlungen werden an diversen Stellen dieser Anleitung erneut aufgegriffen und z.T. sogar erweitert, um uns unseren Handlungsrahmen und den notwendigen Spielraum stets vor Augen zu halten.

---

[4] Originalzitat: *"Teaching staff [...] must be equipped with the skills and knowledge to allow them to fully utilize the range of new teaching tools."*

I Verteufeln oder Akzeptieren?

Im Buch „Patient Hochschullehre" wurden die zentralen Defizite der Hochschullehre identifiziert. Neben allgemeinen Problemen, wie der nicht systematischen Ausbildung zum Hochschullehrer sowie dem geringen Stellenwert der Lehre im Vergleich zur Forschung, sind dies u.a. (Handke, 2014a:66):

- die unzureichenden bisherigen Verfahren der Qualitätssicherung,
- die fehlende Transparenz/Offenlegung der Lehrmaterialien,
- die inhaltliche Quantitätssicherung von Kursen,
- die schlechte Skalierbarkeit von Kursen,
- die fehlende Nachhaltigkeit der Lehrmaterialien,
- das Stundenplanproblem („Stundenplankollisionen'),
- das Zielgruppenproblem (auch Adaptivität genannt),
- Raumprobleme.

Zu diesen Problemen gesellen sich weitere Aspekte wie (vgl. Dräger/ Ziegele, 2014:13):

- die veränderte Lebenssituation der Studenten im 21. Jahrhundert,
- der neue Stellenwert des lebenslangen Lernens bzw. der Weiterbildung,
- allgemeine Aspekte des gesellschaftlichen Wandels.

Mit digitalen Lehr- und Lernszenarien, so eine zentrale These in diesem Handbuch, lassen sich nicht nur viele Probleme der Hochschullehre lösen, sondern auch eine zeitgemäße, an die Lebenswirklichkeit der Lernenden angepasste Qualität der Hochschullehre erreichen.

Damit ist unser Programm klar umrissen: Ziel ist es, Hinweise und Tipps zu geben, sowie konkrete Maßnahmen vorzuschlagen, wie das Ziel „Digitalisierung der Lehre" erreicht werden kann.

I.1 Die Ausgangslage: Der digitale Alltag

„In den Hörsälen/Klassenzimmern von heute befindet sich mit der ‚Millen-nium-Generation‘ eine Generation von Schülern und Studenten mit neu-en technologischen Bedürfnissen. Das hat nicht nur neue Inhalte und neue Hörsaalumgebungen sondern auch eine neue Pädagogik zur Folge. " (Jonas, 2012)[5]

Smartphones, Tablet-PCs, Notebooks – Musik und Videos aus dem Internet, permanente Erreichbarkeit bzw. Vernetzung über die so-zialen Netzwerke, all das prägt den Alltag der heutigen „Millenni-um Generation", einer Generation, für die die Nutzung mobiler Endgeräte so selbstverständlich geworden ist, wie das Tragen einer Armbanduhr oder einer Brille.

Abb. I.1: Die *Digital Natives* sind bereits hier (Schnappschuss aus der Erstsemester-veranstaltung *„Introduction to Linguistics"* des Autors im WS 2013/14; [Q1]

Schaut man sich heute in einem Hörsaal einer Hochschule um, lässt sich eindeutig konstatieren: Die „Digital Natives", die Studenten, die mit dem Smartphone groß geworden sind, sind keine Zukunfts-

---

5   Originalzitat: *"There is a new and different generation in the classrooms to-day. The 'Millennial generation' certainly has advanced technological needs. Consequently, students are changing, the content that needs to be taught is changing, and even the classroom environment (e.g. technology) is changing, so therefore pedagogy must change."*

musik mehr, nein, sie sind bereits im Hochschulalltag angekommen (Abbildung I.1).[6]

Bei dieser Generation, die heute das Zielpublikum unserer akademischen Lehrtätigkeit ist, handelt es sich um junge Menschen, die unter anderem folgende Tätigkeiten nahezu vollständig ‚digital' abwickeln:

- Online-Handel,
- Ticket-Buchungen,
- Informationsbeschaffung,
- Kommunikation,
- Freizeitaktivitäten,
- Unterhaltung.

Noch vor einiger Zeit war es kaum vorstellbar, über das Internet mit nur wenigen Mausklicks eine Hotelbuchung vorzunehmen, eine Bahnfahrkarte nebst Platzreservierung zu buchen, ein Buch zu erwerben, in dem man sogar vorher virtuell herumstöbern konnte, oder eine Party zu organisieren, bei der alle Getränke per Internet bestellt und über den dazugehörigen Versandhandel ausgeliefert wurden und dazu die Musik komplett aus dem Internet kam.

Manchem mag das zu viel sein, und man hört Argumente wie z.B. „Muss man denn permanent online sein?" oder „Sollen wir das gut heißen, wenn die Mitglieder einer Familie im Café sitzend, wie in Abbildung I.2 gezeigt, mehr mit ihren mobilen Endgeräten beschäftigt sind als mit sich selbst?"

---

[6]   Der Begriff „Digital Native" wird mittlerweile durchaus kontrovers diskutiert. Dabei geht es allerdings weniger um die dieser Personengruppe zuzuordnende Kompetenz als um den Begriff „Native" selbst. Dieser bezeichnet in seiner Kernbedeutung nämlich den Zustand des „Eingeborenseins" und wird primär in Bezug auf die muttersprachliche Kompetenz verwendet. Auf die Kenntnisse der als „Digital Natives" bezeichneten Personengruppe trifft dies allerdings nicht zu. Dennoch hat sich der Begriff mittlerweile so stark verstetigt, dass wir ihn in der Folge mit den genannten Einschränkungen verwenden werden [INT6; Richter, Julia, 2014].

Abb. I.2: Permanent Online – ein Segen oder ein Fluch? [Q1]

Klar, auf den ersten Blick verurteilen wir Verhaltensweisen wie die in Abbildung I.2 gezeigte oder Szenarien, wo Menschen anstatt miteinander zu reden stillschweigend mit ihren Smartphones beschäftigt sind, um eine Kurznachricht zu versenden oder im Internet zu surfen.

Wir können und wollen uns nicht damit anfreunden, dass Menschen an einer Haltestelle wie gebannt auf ihre elektronischen Geräte starren, ohne miteinander Blicke auszutauschen oder gar miteinander zu reden. Abbildung I.3 zeigt ein solches Beispiel.

Doch stimmen unsere Vorbehalte? War das denn früher nicht auch schon so? Haben wir Älteren denn an Haltestellen für öffentliche Verkehrsmittel permanent miteinander geredet? Saßen wir früher in den Cafés ausschließlich zu Konversationszwecken, oder sind wir etwa nur deshalb Bus gefahren, um uns mit den übrigen Passagieren auszutauschen?

Abb. I.3: Menschen an einer Haltestelle, frühes 21. Jahrhundert [Q2]

Schon immer gab es Situationen, wie die in Abbildung I.2 und I.3 dargestellten. Nur das Medium war ein anderes.

Abb. I.4: Menschen an einer Haltestelle, frühes 20. Jahrhundert, [Q3]

Bereits lange vor der Internet-Ära waren die Menschen ständig auf der Suche nach Informationen und haben, wie in Abbildung I.4 und I.5 gezeigt, mit dem entsprechenden Medium Wartezeiten oder lange Fahrstrecken überbrückt. Unser Verhalten glich auch früher schon dem heutigen, nur das Medium und – zugegebenermaßen – die Geschwindigkeit, mit der Informationen beschafft werden konnten, sowie die Nutzungsintensität waren anders.

Abb. I.5: Menschen im Zug, 1946 [Q4]

Daher sind Warnungen vor den Gefahren des Internets oder vor einer übermäßigen Handy-Nutzung ähnlich einzuschätzen, wie z.B. übermäßiger Bücherkonsum noch vor wenigen Jahrhunderten: „*Wenn Menschen es mit etwas Neuem zu tun bekommen*", schreibt Felix Müller (2014), „*werden seit Jahrhunderten in stupider Reihenfolge dieselben Abwehrmechanismen aktiv.*" Mit dem in Abbildung I.6 gezeigten Bild aus dem Jahr 1760 wurde u.a. vor den „*verderblichen Konsequenzen des Buchgenusses*" gewarnt, genauso wie heute die Nutzung moderner digitaler Endgeräte vielfach verteufelt wird.

Abb. I.6: „Die Lektüre", Pierre Antoine Baudouin, 1760 [Q7]

Wir sollten daher von einer Vorabverurteilung Abstand nehmen und konstruktiv mit der Situation umgehen. Die heutigen Verfahren der Informationsbeschaffung, sei es zu wissenschaftlichen Zwecken oder für die Lösung alltäglicher Probleme, sind nun einmal nahezu vollständig internetbasiert. Und von den sich daraus ergebenen großen Vorteilen, wie z.B. der Informationsbeschaffung in Sekundenschnelle, wollen wir uns wahrscheinlich nur ungern trennen.

In einem ersten Resümee lässt sich somit festhalten, dass wir es heute mit einer studentischen Klientel zu tun haben, die nahezu vollständig ‚digitalisiert' lebt und vermutlich erwartet, dass dieser Verhaltensweise im akademischen Lehr- und Lernprozess Rechnung getragen wird. In den Empfehlungen der Europäischen Union heißt es dazu:

„Technologie ist heute ein integraler Bestandteil der Interaktion, der Arbeitswelt, des Lernens und der Wissensbeschaffung." (Europäische Kommission, 2014:14).7

I.2 Die Treiber der Digitalisierung

Doch sind die Studenten damit auch Treiber dieser Entwicklung? Die Antwort ist ein klares Nein. Zwar gibt es hier und da Forderungen nach „mehr Videovorlesungen" (Programm der studentischen Piratenpartei bei der Marburger Wahl zum Studentenparlament 2014), doch handelt es sich dabei eher um Ausnahmen.

Die Studenten scheinen sich primär für Eines zu interessieren: Die Erlangung von Leistungspunkten im Rahmen ihres Studienganges. Dabei scheint es ihnen eher gleichgültig zu sein, wie die Lehre durchgeführt wird. Ob die Inhalte mit oder ohne Videounterstützung vorgetragen werden, ob digital unterstützte Szenarien wie das des „Inverted Classroom" zur Anwendung kommen, oder ob wie im 20. Jahrhundert Transparenzfolien auf einem Overhead-Projektor aufgelegt werden - die Studenten nehmen das alles klaglos hin, auch wenn ihr Studierverhalten bei Verfügbarkeit entsprechender digitaler Materialien eine andere Sprache spricht.

Auf die Frage nämlich, welche Komponenten einer Lerneinheit sie für die Inhaltserschließung am nützlichsten fanden, entschied sich die große Mehrheit für die digitalen Materialien Video und Multimedia.[8] Abbildung I.7 stellt die Ergebnisse im Detail dar.

---

[7]   Originalzitat: *Technology [...] is now an integral part of how most people interact, work, learn and access knowledge and information.*"

[8]   Die Abstimmung wurde im Rahmen der Lehrveranstaltung „Morphology and Syntax" im Sommersemester 2014 mit den ActiVote-Systemen der Firma Promethean durchgeführt und war somit vollständig anonymisiert. Es nahmen 74 Studenten im zweiten Fachsemester an der Abstimmung teil.

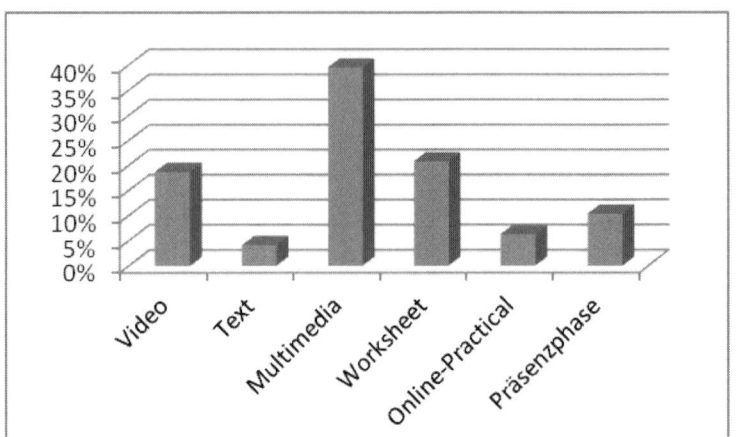

Abb. I.7: Ergebnis der Umfrage: „*Welche Elemente halten Sie für die nützlichsten bei der Inhaltserschließung?*"

Allerdings führen solche Umfragen zu studentischen Lernpräferenzen und deren Ergebnisse genauso wenig zu Veränderungen in der Hochschullehre wie etwa Evaluationen, deren Fragwürdigkeit ja bereits in Handke (2014a:117ff) diskutiert wurde.

Die Studenten fordern weder moderne Lehre ein, noch äußern sie ihren Unmut über die antiquierte Lehre von gestern. Sie beschweren sich selten (Roche, 2014) und sind, laut neuesten Studien, auch mit der gegenwärtigen Lehre zufrieden (Rövekamp, 2014). Nur wenn ihre Leistungspunkte in Gefahr geraten, ihr Studium z.B. durch Stundenplankollisionen ins Stocken gerät oder ihre Zensuren betroffen sind, gibt es Protest. Einen Einfluss auf die Gestaltung der Lehre hat dies allerdings nur in Ausnahmefällen. Wenn Studenten den Finger heben, ist die Forderung nach mehr öffentlichen Mitteln zumeist ihre Kardinalforderung und ihr einziger Lösungsvorschlag.

Mit anderen Worten: Von den Studenten wird kein oder nur ein geringer Impuls in Richtung Digitalisierung ausgehen. Die so oft kolportierte Abstimmung mit den Füßen wird es nicht geben.

Ähnlich ist es bei den Lehrenden. Auch sie sehen keinen Änderungsbedarf, auch wenn sie die Optionen der Digitalisierung für eigene Zwecke nutzen und genau wie ihre Studenten regelmäßig online sind und – bisweilen sogar in Gremiensitzungen oder auf Fachtagungen – während der Vorträge von Fachkollegen ihre E-Mails abrufen, ihre Termine auf elektronischen Kalendern ordnen oder einfach nur im Internet surfen.[9] Außer einer zunehmenden ‚PDFisierung‘ von Begleitmaterialien wie Skripten, Folien, Literaturhinweisen etc., die durchaus auch positive Effekte nach sich ziehen kann (Cruz, 2014), ist von ihnen mehrheitlich nichts Substantielles in Sachen Digitalisierung der Lehre zu erwarten. Das Festhalten an bisherigen Strukturen und Vorgehensweisen sowie eine latente Resistenz gegenüber Innovation in der Lehre dominieren die Einstellung der meisten Hochschullehrer.

Da helfen auch einzelne, der Digitalisierung gegenüber aufgeschlossene, Fachkollegen als Treiber nur wenig: Sie werden eher als ‚exotische Spinner‘ abgetan, die die Freiheit der Lehre untergraben wollen und mit ihren Digitalisierungsbemühungen die ‚Qualität der Hochschullehre‘ angreifen.

Erfahrungen
Ich selbst kann das aus leidvoller Erfahrung bestätigen. Seit ich meine Lehre nahezu vollständig digitalisiert habe, ist die Kluft zwischen mir und meinen Fachkollegen ständig angewachsen, eine Kluft, die durch Preise und internationale Anerkennung nur noch größer geworden ist. In den Augen meiner Fachkollegen bin ich kein Innovator, sondern ein Nestbeschmutzer und Besserwisser.

Wenn sich also weder die Studenten und noch weniger die Lehrenden dem Thema Digitalisierung stellen, geschweige denn es ein-

---

[9] Hand aufs Herz: Wer von uns hat nicht schon einmal während des Vortrags eines Fachkollegen eine oder mehrere Vortragsfolien mit seinem Smartphone abfotografiert oder während einer Gremiensitzung seine E-Mails gelesen oder eine SMS geschrieben?

fordern oder gar umsetzen, wer soll dann Treiber der notwendigen Entwicklung sein?

Könnte es möglicherweise die Politik sein, die durch kontrollierte Mittelvergabe Druck auf die Hochschulen ausübt und die bereitstehenden Mittel zumindest in Teilen gezielt auf Digitalisierungsbemühungen lenkt? Man möchte meinen, dass dies ein gangbarer Weg sei. Allerdings sind in föderalistischen Systemen eine Reihe von Ebenen dazwischengeschaltet (regionale Ministerien, Dezernate und Referate in den Ministerien, etc.), sodass nur in seltenen Fällen die Mittel in Gänze an ihrem vorgesehenen Ziel ankommen. Hinzu kommen zahlreiche finanzielle Engpässe in den Hochschulen, oder andere bildungspolitische Prioritäten, mit der Folge, dass die zugewiesenen Mittel schlicht nicht ausreichen. Somit eignen sich derartige „Top-Down-Maßnahmen" nur bedingt zur Durchsetzung einer flächendeckenden Digitalisierung an den Hochschulen. Zu mehr als der Schaffung eines Bewusstseins für die Notwendigkeit der Einleitung von Digitalisierungsmaßnahmen eignen sich die übergeordneten staatlichen Organisationen kaum, aber das ist ja auch schon etwas, ganz im Sinn der im Vorwort erwähnten Schaffung einer „digitalen Akzeptanz".

Im Prinzip können ernstgemeinte Vorstöße nur von den Hochschulleitungen bzw. den mit der Thematik befassten Gremien der Hochschule kommen. Sie sollten sich die Hochschullehre zu ihrer Herzensangelegenheit machen und ihr zunächst einmal einen im Verhältnis zur Forschung angemessenen Stellenwert zuweisen, sodass neben der Forschung endlich auch die Lehre zu einem Aushängeschild einer Universität werden kann.[10] Und genau wie in der Forschung sollten sie den Wettbewerb in der Lehre fördern. Dann nämlich würden nicht nur Forschungserfolge und Drittmitteleinwerbungen die Gütesiegel einer Hochschule sein, sondern es würden auch ihre besten Lehrenden, ihre innovativsten Lehrkonzepte oder die Reaktionen der „Global Community" auf die web-basier-

---

[10]   Siehe hierzu meine Ausführungen im Vorwort zur FH St. Pölten in Österreich, einer Institution, der es vorbildhaft gelungen ist in kurzer Zeit hochschulweit moderne Lehr- und Lernszenarien, insbesondere den „Inverted Classroom", in ihrer grundständigen Lehre zu verankern.

ten Lehrangebote ihrer Top-Dozenten zum eigenen Erfolg beitragen:

„Die Hochschulen sollten im Wettbewerb um Reputation und Exzellenz endgültig Abschied nehmen von der einseitigen Orientierung am Ideal international renommierter Forschungs-Universitäten wie Harvard, MIT oder Oxford. Diese Fixierung vor allem auf Forschungsleistung greift zu kurz. Exzellenz ist nicht nur in der Forschung möglich und wichtig, sondern auch in den Bereichen Lehre, Regionalentwicklung, Wissenstransfer, Internationalität, soziale Verantwortung oder Weiterbildung." (Dräger/Ziegele, 2014:13).

Einige Hochschulen haben die Zeichen der Zeit erkannt und nutzen ihre eigenen Digitalisierungsmaßnahmen zu Werbezwecken. So verweist die Ludwig-Maximilians-Universität München an prominenter Stelle mittlerweile auf ihre MOOCs als besonders wertvolles Prädikat ihrer Lehre [INT12].

Bei all diesen Überlegungen darf aber ein typisch deutsches Problem nicht außer Acht gelassen werden: Neid. Während sich die an einer Hochschule tätigen Wissenschaftler bezogen auf ihre Forschung nur selten der internen Konkurrenz ausgesetzt sehen (schließlich forschen nur selten zwei Fachkollegen der gleichen Hochschule in Konkurrenz zum gleichen Thema), ist das in der Lehre völlig anders. Hier sitzen alle Hochschulangehörigen im gleichen Boot. Sie alle sind in der Lehre tätig, sie stehen, wenn sie das Thema „Lehre" ernst nehmen, in einem ständigen Wettbewerb um die beste Lehre sowie um die größte Akzeptanz und Beliebtheit bei den Studenten und sehen sich einem permanenten hochschulinternen Vergleich ausgesetzt. Die ‚Gewinner' eines solchen Vergleichs allerdings werden – wenn überhaupt – nur zähneknirschend zur Kenntnis genommen. Sie als Aushängeschilder oder gar Gütesiegel einer Institution auszurufen – soweit geht die Akzeptanz dann doch nicht.

Dennoch ist der Wettbewerb, wenn möglich unterstützt durch finanzielle Anreizmaßnahmen, das einzige Mittel zur Änderung des Missverhältnisses von Forschung und Lehre auf der einen Seite und ein wichtiger Treiber für die Digitalisierung auf der anderen. Dieser

Wettbewerb, der durch die globalen Entwicklungen in Sachen Digitalisierung stark befeuert wird (z.b. durch frei zugängliche digitale Lehrmaterialien oder Online-Kurse ohne Zugangsbeschränkungen) sollte unbedingt auf verschiedenen Ebenen politisch unterstützt werden. So könnten Mittel für die Lehre nicht mehr nur pauschal sondern zweckgebunden ausgeschüttet und mit einem Schlüssel „X% für Digitalisierungsmaßnahmen" versehen werden. In den Hochschulen selbst könnte man mit solchen Vorgaben interne finanzielle Anreize schaffen, um in Sachen Digitalisierung voran zu kommen.

Ohne diese Maßnahmen allerdings wird alles noch lange beim Alten bleiben: Die Hochschulen werden sich ‚durchwursteln', bis sie der globale Konkurrenzdruck durch die immer häufiger und dazu noch besser werdenden digitalen Lehr- und Lernmaterialien von dritter Seite überrollt.

Es ist daher nur eine Frage der Zeit, bis die Einsicht greift, dass nicht nur eine generelle Auseinandersetzung mit dem Thema Digitalisierung der Lehre unumgänglich ist, sondern dass Maßnahmen ergriffen werden müssen, die Digitalisierung der Lehre selbst in die Hand zu nehmen. Mit anderen Worten: Die Digitalisierung wird zum Alltag bzw. ist in so manchen Bereichen bereits zum Alltag geworden. Und das hat für die Hochschullehre und für uns Lehrende weitreichende Konsequenzen.

1.3 Konsequenzen

Nehmen wir als Beispiel eine normale Lehrveranstaltung, bei der die Inhaltsvermittlung durch den Dozenten vorgenommen wird – Fach und Thema spielen dabei keine Rolle.

Noch bis vor wenigen Jahren, als die Studenten per Anwesenheitspflicht in die Hörsäle gezwungen wurden, war die Inhaltsvermittlung ausschließlich Sache des Dozenten, er war der ‚Gralshüter' der Inhalte, die inhaltliche Qualität und die didaktische Umsetzung lagen allein in seiner Hand. Als Resultat dieses wenig transparenten, aber immer noch allgegenwärtigen Szenarios wurden von den Studenten Mitschriften angefertigt, die die dozentischen Aussagen zusammenfassten, den während der Lehrveranstaltung erzeugten Tafelanschrieb integrierten, kurzum, es war ein Szenario, das sich im Vergleich zu früheren Zeiten kaum geändert hat: Vorn stand der Wissensvermittler, das Publikum waren die ‚Unwissenden', die mit Hilfe von Vorträgen oder alternativen Vermittlungskonzepten zu ‚Wissenden' gemacht werden sollten.

Mit der Einführung des Computers in die Lehre zu Beginn der 1980er Jahre änderte sich dieses Szenario – allerdings nur in geringem Umfang. Lehrmaterialien, z.b. Skripte oder Handouts konnten nun auf elektronischen Datenträgern, z.b. auf Disketten, später auf CD-ROMs oder in Computer-Pools bereitgestellt werden. Auf die Wissensvermittlung selbst allerdings hatten diese neuen Möglichkeiten zunächst nur geringen Einfluss. Zwar wurden in der Forschung mit der Entwicklung von „Intelligent Tutoring Systems" (ITS)[11] neue Wege der Inhaltsvermittlung- und Inhaltserschließung erprobt, die Auswirkungen auf die Lehre vor Ort waren allerdings kaum zu spüren.

Erst durch das Internet war zu Beginn des neuen Jahrtausends ein Wandel zu spüren. Bereits nach wenigen Jahren war klar, dass nicht mehr einzelne Menschen bzw. Lehrpersonen die alleinigen ‚Wissensmanager' bleiben konnten, sondern dass sich das Wissen mehr und mehr ins Netz verlagern und Alison Kings Aussage aus dem Jahr 1993 „from sage on stage to guide on the side" (dt. „vom Weisen auf der Bühne zum Begleiter an der Seite") mehr und mehr an Relevanz gewinnen würde. Zwar waren zu Beginn des 21. Jahrhunderts die Zugangsmodalitäten zum neuen „globalen Gehirn" (Russel, 1996) weder einheitlich, noch hatte jeder Mensch an jedem Ort Zugang zu diesen Wissensquellen, doch es zeichnete sich immer mehr ab, dass die traditionellen Formen der Inhaltsvermittlung nicht mehr zeitgemäß sind. Ideen wie der „Inverted Classroom" ab 2000 (siehe Schäfer, 2012) oder die MOOC-Bewegung ab 2012 (siehe Schul-

---

[11] ITS = Intelligent Tutoring System; digitales Lehr-/Lernszenario, das mit speziellen Verfahren der Informationsgewinnung menschliche Methoden des Lehrens und Lernens realisieren soll.

meister, 2013) trugen als Treiber das Ihrige dazu bei, diese neuen Szenarien zu fördern.

Und so stehen heute, wie vielfach prognostiziert, wissenschaftliche Inhalte in einem Ausmaß und in einer Qualität im Netz, wie man es vor wenigen Jahren kaum hätte voraussagen können:

- hervorragende Webseiten zu wissenschaftlichen Themen;
- aktuelle wissenschaftliche Veröffentlichungen im PDF-Format;
- Daten- und Themensammlungen der verschiedensten Art;
- Videomaterialien zu nahezu jedem Thema.

Zwar ist die Nutzung derartiger Materialien aus dem Internet aus rechtlicher Sicht aus der Lernerperspektive unbedenklich, wollen jedoch Lehrende diese Materialien für Ihren Unterricht nutzen, sind ihnen durch das Urheberrecht im deutschsprachigen Raum zumeist enge Grenzen gesetzt.

Allerdings hilft hier seit einigen Jahren der Griff nach Inhalten, die unter dem Begriff „**O**pen **E**ducational **R**esources" (dt. offene Bildungsmedien, abgekürzt zu „OER") zusammengefasst sind [INT9]. Darunter versteht man Materialien, die *„kostenlos im Web zugänglich sind, über eine entsprechende Lizensierung zur Verwendung verfügen und auch zur Modifikation freigegeben sind."* (Schön/Ebner, 2015). Dazu gehören z.b. auch YouTube-Videos, deren Einbettung auf Webseiten keinen Rechtsverstoß darstellt [INT20], vorausgesetzt die Videos sind vom YouTube-Kanalinhaber zur Einbettung freigegeben.

Offene Bildungsmedien werden zudem oft auf speziellen Plattformen gelistet. So gibt es z.B. in Deutschland das „ZUM-Wiki" von der „Zentrale für Unterrichtsmedien im Internet" für Lehrmaterialien im Schulunterricht oder in der Lehrerbildung, oder kleinere Portale wie SEGU für den Geschichts- oder SERLO für den Mathematikunterricht. Ähnliche OER-Bestrebungen gibt es in Großbritannien, den USA, Norwegen und den Niederlanden, um nur einige zu nennen.

Zu den offenen Bildungsmedien – ob mit oder ohne OER-Label – kommen die sozialen Netzwerke, in denen sich Interessierte in Gruppen zusammenschließen, um sich zu bestimmten Themen auszutauschen bzw. ihre Ideen einer gegenseitigen Qualitätsüberprüfung zu unterziehen.

Erfahrungen

Wenn ich z.B. die Struktur der Nominalphrase (NP), ein Thema aus dem Bereich Syntax, bis ins letzte Detail in meiner Lehre präsentieren und mit den Studierenden auf spezielle Strukturen anwenden möchte, wende ich mich an meine Syntaxgruppe auf Facebook, in der ich zusammen mit zahlreichen Wissenschaftlern aus aller Welt permanent in Kontakt stehe. Dort stelle ich dann meine Frage und erhalte in der Regel schon nach kurzer Zeit die gewünschte – und, das ist mir besonders wichtig, die durch zahlreiche Zusatzkommentare qualitätsgesicherte Antwort.

Zusätzlich begebe ich mich auf die Suche nach inhaltlich relevanten Webseiten, z.B. nach denen von bekannten Syntaktikern, um weitere Hinweise zum Thema aufzugreifen.

Und eines sollte man nicht vergessen: Unsere Studenten mit ihrer Omnipräsenz im Internet kennen diese Möglichkeiten. Mit ihrer hohen Medien**bedien**kompetenz schaffen sie es in vielen Fällen, die benötigten Inhalte im Internet aufzufinden und zu nutzen. Ob es ihnen dabei allerdings gelingt, auch die für ihre inhaltlichen Ziele adäquaten Inhalte in qualitätsgesicherter Form aufzufinden, ist eine andere Frage (Wir werden sehen, dass genau in diesem Punkt eine große Chance für die Lehre und ihre Lehrkräfte auch im digitalen Zeitalter liegt, siehe Abschnitt IV.3.1).[12]

---

[12] In einem kürzlich an der Philipps-Universität Marburg durchgeführten Master-Projekt zu den Recherche-Fähigkeiten von Erstsemesterstudierenden waren die Ergebnisse allerdings ernüchternd. Außer einer schlichten Textsuche über die Suchmaschine „Google", konnten die ‚Digital Natives' keine besonderen digitalen Fähigkeiten zeigen.

Falls sich die heutigen Studenten also nach dem Wegfall der Präsenzpflicht[13] wider Erwarten dazu entscheiden, in eine Vorlesung zu kommen, können sie vergleichen, zwischen dem, was sie vor Ort von den Lehrenden geboten bekommen und dem, was das Internet bietet. Egal wie dieser Vergleich ausfällt, Fakt ist, die Studenten verfügen über diese Vergleichsmöglichkeiten. Sie werden sich fragen, ob es Sinn macht, eine lustlos abgehaltene Lehrveranstaltung zu besuchen oder die immer besser werdenden Online-Materialien zu nutzen, die nicht nur durch ihre Qualität bestechen, sondern auch wesentlich kompakter sind als zähe Präsenzvorträge.

So gab der zur Themengruppe „Lehren und Prüfen" des „Hochschulforums Digitalisierung" eingeladene Student Max S. von der Goethe-Universität Frankfurt im Dezember 2014 ohne zu Zögern sein Studierverhalten preis: „YouTube-Video der Yale University statt Präsenzlehre vor Ort" oder anders ausgedrückt: „Warum soll ich mir eine langweilige Vorlesung, in der meist ‚vorgelesen‘ wird, antun, wenn es aus meiner Sicht exzellente Online-Materialien zum gleichen Thema gibt?"[14]

Doch nicht nur die Verfügbarkeit von Online-Materialien sollte im Vordergrund stehen, sondern deren inhaltlicher und didaktischer Mehrwert.

So ist es uns z.B. mit einer Reihe von YouTube-Videos in einer Playlist zum Thema „Generative Syntax" gelungen, einen der kompliziertesten linguistischen Themenkomplexe, dessen Vermittlung sich traditionell über mehrere Lerneinheiten hinzieht, auf weniger als 70 Minuten Gesamtzeit zu reduzieren (Abbildung I.8).

---

[13]   Eine juristische Überprüfung aus dem Jahr 2010, ob die Anwesenheit in Veranstaltungen in der Hochschule kontrolliert werden darf, ergab, dass eine Anwesenheitspflicht nur in sehr begrenztem Umfang rechtlich zulässig ist. Damit war eine Präsenzpflicht zumindest in Vorlesungen und Übungen rechtlich nicht mehr haltbar (Rothe, 2014).

[14]   Treffen der Themengruppe IV des „Hochschulforums Digitalisierung" in Frankfurt am Main am 1.12.2014

	Phrase Structure – X-Bar Syntax
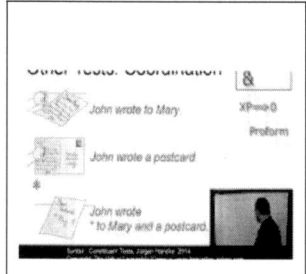	von The Virtual Linguistics Campus · 11 Videos · 2395 Aufrufe · 1 Stunde, 8 Minuten This syntactic playlist contains all E-Lectures and Video Scribes that can be used to understand the structure of sentences and phrases in accordance with modern X-Bar syntax. The E-Lectures provide the overview, the video scribes dynamically go into details.

Abb. I.8: Playlist „Phrase Structure - X-Bar Syntax" [V10]

Mit einer Kombination aus vier kompakten E-Lectures und sieben sog. „Video Scribes" (siehe Abschnitt, V.2.3, S. 153) wurde nicht nur ein deutlicher multimedialer Mehrwert geschaffen, sondern eine bisher nicht mögliche Vermittlungseffizienz. Und dass wir damit gar nicht so falsch liegen, zeigen die offenen, mit der Playlist verknüpften Kommentare der internationalen Community auf YouTube, hier eine Auswahl:

- *Thank you. Always a pleasure to listen and learn with you.*
- *Yay!::excited:: I cannot get enough of this channel! <3*
- *awesome thx so much :)*
- *Thank you very much for this.*
- *I thank you from all my heart*
- *Love you man, you solved my life-long problems with tree drawing in the last 3 videos. Appreciated.*
- *Great as usual. I always pause the video when you say the sentence and draw it before you do. I almost got this one right except I put „will" in the VP as a specifier on the second V". The Auxiliary confused me. I am sure the answer is in a future video. :)*
- *Deep and surface structure, movements and CP explanations and scribes would be welcome. Thanks Professor for your excellent videos.*
- *Thank you very very much. I am now a tree drawing champion from your lessons. I have been practicing dozens and dozens and I am very good. Please put up more.*

Es ist also an der Zeit, den Bedürfnissen der neuen Generation von Studenten Rechnung zu tragen und unser Verhalten umzustellen. Wir können nicht auf der einen Seite die Vorzüge des Internets für eigene Zwecke (Forschung, Recherche, Alltagstätigkeiten) nutzen, auf der anderen Seite aber von unseren Studenten verlangen, diese Vorzüge aus ihrem Lernprozess auszuklammern und aus dem Hörsaal fern zu halten.

Gehen wir es also an, digitalisieren wir unsere Lehre. Tragen wir den veränderten Rahmenbedingungen Rechnung (These 1, S. 13 und lösen nebenbei zahlreiche Probleme der Hochschullehre (These 2, S. 13).[15] Dabei sollten wir uns stets von der zentralen Empfehlung leiten lassen:

Didactics/Pedagogy must drive Technology and not vice versa!
(dt. *Die Didaktik muss die Technologie bestimmen und nicht umgekehrt.*)

Solange wir bei unseren Digitalisierungsbemühungen den ‚Technologen‘ das Feld überlassen, werden digitale Szenarien kaum mehr sein als die eines ‚Framework‘ für Inhalte, so wie einst das BMBF-Projekt „Neue Medien in der Hochschullehre" zu Beginn des Jahrtausends Plattformen für Inhalte, aber nicht die gewünschten Inhalte selbst hervorbrachte (vgl. Handke/Schäfer, 2012:3ff.). Der Fokus darf nicht länger auf dem technisch Machbaren liegen, sondern Ziel muss das didaktisch Wünschenswerte sein.

Ein typisches Beispiel für die immer noch vorherrschende Technologie-Affinität ist die im Herbst 2014 publizierte Broschüre „E-Learning in Hessen", in der die hessischen Hochschulen ihre Errungenschaften in Sachen E-Learning propagieren. Beim Durchstöbern dieser Selbstdarstellungen muss man allerdings feststellen, dass Begriffe, wie *Lehren, Lernen, Didaktik* oder *Pädagogik* nur in Randnotizen erscheinen, während Begriffe wie *Server, Technik, Lernplattform*, etc. die zentrale Rolle spielen.

---

[15]   Dass dabei durchaus auch neue Probleme entstehen können und gelöst werden müssen (z.B. die neuen Erfordernisse an die dozentische Medienkompetenz), sollte an dieser Stelle allerdings nicht verschwiegen werden.

Abbildung I.9 veranschaulicht diese Technologie-Dominanz anhand einer sog. „Tag-Cloud" (dt. Begriffswolke), bei der alle Begriffe, die in der Broschüre mindestens zweifach vorkommen, auf der Basis ihrer Wortstämme entsprechend ihrer Verwendung im Text unterschiedlich groß dargestellt sind.

Abb. I.9: Tag-Cloud: Technologiedominanz beim E-Learning

Oberste Prämisse bei der Digitalisierung der Hochschullehre ist es somit, dass nicht die zentralen ‚Support-Einrichtungen', wie z.B. sog. E-Learning-Zentren, Hochschulrechenzentren etc. (vgl. Handke, 2014a:75) das ‚Heft der Digitalisierung' in der Hand halten, sondern die Fachwissenschaften und ihre Lehrenden. Nur so kann es gelingen, dass wir über Support-Strukturen hinauskommen und eine inhaltlich orientierte Digitalisierung unserer Lehre realisieren können.

So wie wir als Fachwissenschaftler auch früher keine ‚Ghostwriter' für die Erstellung unserer klassischen Vorlesungsskripte engagiert haben, so sollten wir auch heute die Erstellung der Inhalte für unsere Lehrveranstaltungen nicht Dritten überlassen. Doch leider sind hier – trotz der heute vorhandenen Möglichkeiten zur Erstellung digitaler Lehr- und Lernmaterialien – enorme Hürden zu überwinden, die aber hauptsächlich in den Köpfen der Lehrenden bestehen. „Keine Zeit" oder „Zu aufwändig", bekommt man zumeist von den Kollegen zu hören, wenn man sie auf die zur Verfügung stehenden

Möglichkeiten zur Digitalisierung ihrer Lehrveranstaltungen hinweist. Dabei ist der Aufwand in den letzten Jahren erheblich gesunken, und es gibt zahlreiche einfache Möglichkeiten zur Erstellung digitaler Inhalte. Es ist heute beileibe kein Hexenwerk mehr, digitale Lehr- und Lernmaterialien herzustellen und diese gewinnbringend in die eigene Lehre zu integrieren. Man muss es nur wollen und wird dabei möglicherweise sogar noch durch die in Abschnitt I.2 beschriebenen Maßnahmen und Treiber unterstützt.

I.4 Ausblick

Ziel der folgenden Kapitel ist es, die Lehrenden auf dem Weg zur digitalisierten Lehre zu begleiten.

Die Vorgehensweise dabei ist die folgende: Ausgehend von einer ausgewählten Lerneinheit aus dem eigenen Fach, der Linguistik, und dem dabei verwendeten klassischen Lehrformat, d.h. so wie noch bis vor Kurzem im ‚prä‘-digitalen Zeitalter unterrichtet wurde, sollen zunächst die zu digitalisierenden Elemente identifiziert und danach in die entsprechenden digitalen Formate umgewandelt werden.

II Die klassische Lehre

Um den Einstieg in das digitale Zeitalter auch in der Lehre zu erleichtern, soll in den folgenden Abschnitten zunächst gezeigt werden, nach welchen Schritten eine Lerneinheit auf klassische Art und Weise vorbereitet und gelehrt wird, um anschließend die entsprechenden Digitalisierungsmaßnahmen einzuleiten.

Ein Erfahrungsbericht
Jeder Hochschullehrer hat seine eigene Art und seinen eigenen Stil zu lehren und Inhalte zu vermitteln. Vor dem Hintergrund einer in hohem Maße intransparenten Lehre, ist es daher schwierig allgemeingültige Prinzipien für den Aufbau einer Lerneinheit, möglichst auch noch fächerübergreifend, aus der Beobachtung Einzelner abzuleiten.
Die folgenden Ausführungen basieren daher auf meinen persönlichen Einschätzungen und meiner eigenen Herangehensweise an die Hochschullehre, sind aber verbunden mit der Hoffnung, dass sie auf möglichst viele Szenarien der Hochschullehre übertragbar sind.

II.1 Vom Kurs zur Lerneinheit

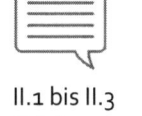

II.1 bis II.3
Erfahrungen

Wie haben Sie als Lehrender in der Vergangenheit eine Unterrichtseinheit vorbereitet, deren Inhalt nicht direkt mit Ihrer Forschung in Zusammenhang stand, aber Teil einer Lehrveranstaltung war, die Sie – aus welchen Gründen auch immer – übernommen hatten? Spielen wir dieses Szenario aus meiner Sicht mit einem ausgewählten Inhalt meines Faches einmal durch.

In meinem Fach gehört eine Lehrveranstaltung zum Thema „Semantics" zum Curriculum jedes linguistischen Studienganges und wird in der Regel in der Aufbauphase, d.h. für Studenten im 2. bis 6. Semester angeboten. Eine solche Lehrveranstaltung besteht in einem 15-wöchigen Semester in der Regel aus 15 Sitzungen (eine Auftaktsitzung sowie 14 inhaltliche Sitzungen).

Eine dieser Sitzungen, in der Folge Lerneinheit genannt, ist in einem Semantikkurs gewöhnlich dem Thema „Prädikatenlogik" (engl. „Predicates") gewidmet. Dabei handelt es sich um ein unverzichtbares Thema zur Formalisierung von Satzbedeutung.[16] Diese Lerneinheit soll uns in der Folge exemplarisch zunächst als Ausgangspunkt für die inhaltliche Umsetzung in einem traditionellen Lehrformat dienen, um später anhand des entwickelten klassischen Gerüsts eine digitale Version dieser Lerneinheit zu produzieren.

Da das Thema „Prädikatenlogik" allerdings nie Bestandteil meiner eigenen Forschung geschweige denn Teil eines selbst verfassten Lehrbuches war (ich habe wie die meisten meiner Fachkollegen bisher kein entsprechendes Lehrbuch geschrieben), musste ich wie bei nahezu all meinen Kursen und ihren Lerneinheiten auf das Material anderer zurückgreifen. Und das geschah nach einer Reihe von nahezu automatisierten Schritten.

II.1.1 Das inhaltliche Gerüst

Zunächst habe ich eine intensive bibliothekgestützte Recherche vorgenommen, d.h. ich war persönlich in der Bibliothek unterwegs, habe sondiert, gewichtet und mich am Ende für eine kleine Auswahl von Quellen entschieden, auf deren Basis ich die Inhalte der Lerneinheit zusammengestellt habe. Zusätzlich habe ich auf meine eigenen Mitschriften von Lehrveranstaltungen während meines Studiums zurückgegriffen und so ein inhaltliches Gerüst erstellt, das aus den in Tabelle II.1. aufgeführten Inhalten und zentralen Themen bestand.

---

[16]   Diese Lerneinheit befindet sich seit Mitte der 1990er Jahre in immer wieder überarbeiteter und dem aktuellen wissenschaftlichen Stand angepasster Form in verschiedenen Semantikkursen meines Lehrprogramms. Sie wird wie alle anderen Lehrveranstaltungen auch in englischer Sprache durchgeführt.

Tab. II.1: Lernziele und zentrale Themen in der Lerneinheit „Predicates"

Kurs	Semantics
Lerneinheit	Predicates
Zentrale Themen der Lerneinheit	• The Machinery • Predications and Predicates • Quantifiers • Thematic Roles
Inhalt der Lerneinheit	*This unit introduces a meta-language which defines the meaning of a sentence in terms of predicates, arguments, and quantifiers. Furthermore, it examines the notion of thematic roles, which offer a way to portray the specific roles played by the entities involved in sentences.*

Übrigens war eines der typischen Zeichen meiner traditionellen Bibliotheksarbeit ein großes Bücherregal in meinem Büro, auf dem sich für alle sichtbar die Ergebnisse meiner Recherche unter Beachtung der Bücherleihfristen befanden.

II.1.2 Zusammenstellen der Inhalte

Aus den durch die intensive Recherche gewonnenen Informationen habe ich anschließend auf der Basis der von mir als qualitativ hochwertig eingeschätzten Quellen ein stichpunktartiges, meist handschriftliches Skript erstellt, das bis zu Beginn der 1990er Jahre durch Klarsichtfolien, später durch eigens angefertigte PowerPoint-Folien unterstützt wurde. Für diesen traditionellen „Medienmix" hatte ich die alleinige Deutungshoheit, die Qualitätssicherung erfolgte ausschließlich durch mich. Meine Rolle war somit die des „Remix-Künstlers" vorhandener Elemente (Muus-Merholz, 2014: 3:50 bis 4:14) und gleichzeitig die des alleinigen Qualitätssicherers.

Zusätzlich habe ich folgende begleitende Printmaterialien für die Kursteilnehmer vorbereitet:

• einen detaillierten Semesterplan,
• eine detaillierte Literaturliste.

Der Semesterplan enthielt für alle Lerneinheiten des Kurses die zentralen Themen, die Lernziele und die von mir zu Rate gezogenen Literaturangaben. Damit wurde für die Kursteilnehmer nicht nur meine Argumentation nachvollziehbar, sondern sie bekamen auch die Möglichkeit, in manchen Fällen auch die Aufgabe, sich entsprechend vor- bzw. nachzubereiten. Dass sie diese Möglichkeiten nur ansatzweise nutzten, bzw. nur dann wahrnahmen, wenn ‚Druck' ausgeübt wurde, ist auch heute ein immer noch zu beobachtendes Phänomen. Abbildung II.2 zeigt einen Ausschnitt aus dem mehrseitigen Semesterplan.

Ergänzt wurde der Semesterplan durch eine detaillierte, ebenfalls mehrseitige Literaturliste, in der nun nicht nur die genauen Angaben (Verlag, Signatur in der Bibliothek, etc.) zu den in den einzelnen Lerneinheiten verwendeten Quellen aufgeführt wurden, sondern auch Tipps zur Priorisierung einzelner Quellen verzeichnet waren.

...

Unit 5: Propositions

Unit 6: Predicates

- The Machinery
- Predications and Predicates
- Quantifiers
- Thematic Roles

Allwood/Andersson/Dahl. 1977: Chapter V. [Germ. 40/6065]
McCawley, John. 1981: Chapter IV. [LIN F3 McCa]
Saeed, John I. 1997: Chapter VI + X. [LIN M1 SAE]

Unit 7: Ambiguity and Vagueness

...

Abb. II.1: Ausschnitt aus dem Semesterplan der Lehrveranstaltung „Semantics" im WS 1998/99; hervorgehoben die Lerneinheit „Predicates"

Semesterplan und Literaturliste wurden in der Auftaktsitzung der Lehrveranstaltung an die Teilnehmer als Fotokopien ausgegeben. Zusätzlich standen alle diese Materialien in einem speziellen Bereich der Institutsbibliothek, einem sogenannten „Handapparat" zusammen mit den wichtigsten Quellen zur weiteren Bearbeitung zur Verfügung (Abbildung II.2).

Abb. II.2: Der klassische Handapparat in der Fachbibliothek [Q1]

Dass die Präsenzphase allein nicht ausreicht, um die gelehrten Inhalte vollständig zu durchdringen, ist seit langem bekannt und wird schließlich auch durch das ECTS (European Credit Transfer System) anerkannt: Nach diesem im Rahmen des Bologna-Prozesses eingeführten Punktevergabesystem für Lehrveranstaltungen wird ein Leistungspunkt (ECTS) für 25 bis 30 Stunden Arbeitslast vergeben. Da ein Semester in der Regel 15 Wochen dauert und für eine Lehrveranstaltung 15 mal 2 Stunden angesetzt sind, wird ein ECTS für die Anwesenheit in der Präsenzveranstaltung berechnet. Einen weiteren Leistungspunkt erhält man für die Vor- bzw. Nachbereitung der Lehrveranstaltung. Somit gibt es pro Lehrveranstaltung mindestens zwei Leistungspunkte oder in Anlehnung an unsere dritte These auf S. 13 könnte man überspitzt formulieren:

Learning is not just in class!
(Lernen besteht nicht nur aus der Unterrichtsphase)

Wir können somit getrost weiterführende Lehrmaterialien und Lernszenarien definieren, mit bzw. in denen die Inhalte vertieft und eingeübt werden können.

Dazu benötigen wir auch in der klassischen Lehre begleitende Lehr- und Lernmaterialien.

II.2 Begleitende Lehr- und Lernmaterialien

Um die Durchdringung der vermittelten Inhalte sicher zu stellen, habe ich zusätzliche Begleitmaterialien entwickelt, die während des Unterrichts verwendet oder zum Vertiefen der Inhalte bereitgestellt wurden. Dabei handelte es sich um

- ein „Handout" mit unterrichtsbegleitenden Fragestellungen;
- ein „Worksheet" als Hausaufgabe;
- zusätzliche Texte oder Bildmaterialien.

All diese Begleitmaterialien wurden im Unterricht in Form von Printmaterialien an die Kursteilnehmer verteilt und zusätzlich zum Fotokopieren im kursspezifischen Handapparat (Abbildung II.3) in einem Aktenordner in der Bibliothek bereitgestellt.

II.2.1 Das Handout für den Unterricht

Für jede Lerneinheit gab es ein Arbeitsblatt für die Präsenzphase, das sogenannte „Handout". Mit Hilfe der darauf enthaltenen Aufgaben, Zitate und Beispiele konnten die themenspezifischen Fragestellungen im Unterricht begleitet und punktuell illustriert werden. Abbildung II.3 zeigt einen Ausschnitt des klassischen „Handouts" für die Lerneinheit „Predicates", das in dieser Form mit turnusmäßigen Modifikationen bis zur Jahrtausendwende verwendet wurde.

Predicates

"Predicate logic builds on the investigation of sentence connectives in propositional logic and goes on to investigate the internal structure of sentences, for example the truth-conditional effect of certain words like the English quantifiers 'all', 'some', 'one', etc." Saeed, John I. 1997. Semantics. Oxford: Blackwell Publishers.: 272.

1. ‚Translate' these sentences into a predicate-argument notation.
   a. Linguistics is exciting.
   b. John admires Bill.
   c. Bill admires John.
   d. Paul is smarter than Linda.
   e. Larry smokes.

2. ‚Translate' these predications into English.
   a. Tired(bill)
   b. Resembles(bill,eddy)
   c. Father_of(richard,betty)
   d. Play(boris,chess)
   e. Square_of(9,3)

...

Abb. II.3: Das schriftliche Handout zum Thema „Predicates", ein Ausschnitt

Konnten nicht alle im Handout enthaltenen Aufgaben und Fragestellungen im Unterricht gelöst bzw. behandelt werden, wurden die Kursteilnehmer aufgefordert, diese außerhalb der Präsenzphase im Selbststudium zu bearbeiten. Die Lösungen wurden dann in der Folgesitzung besprochen.

II.2.2 Das „Worksheet"

Schon immer wurden zur Vertiefung und Erweiterung der Inhalte Hausaufgaben gestellt oder kleinere Tests durchgeführt. Diese hatten allerdings durchweg summativen Charakter.[17] Sie wurden stets nach bestimmten Phasen der Inhaltsvermittlung ausgegeben und

---

[17]   Zu einer Typologie von Tests, siehe Handke/Schäfer (150ff.).

hatten so nur einen relativ geringen Einfluss auf die nachfolgende Präsenzphase, in der aus Zeitmangel kaum Platz für Wiederholungen war, es sei denn die Hausaufgaben oder Tests fielen so schlecht aus, dass die Präsenzphase neu ausgerichtet werden musste.

Die Hausaufgaben wurden in der Regel schriftlich gestellt und am Ende einer Sitzung als sogenanntes „Worksheet" an die Kursteilnehmer mit der Anweisung verteilt, die darin enthaltenen Aufgaben bis zur nächsten Sitzung schriftlich zu bearbeiten und im Sekretariat einzureichen (siehe Abbildung II.4).

Worksheet

1. ‚Translate' these sentences into predicate-argument notation. *Someone likes pizza.*

    a. At least one linguist knows Chomsky.

    b. No students who like John like Mary.

    c. Everything is either matter or energy.

    d. There is a solution to every problem.

2. ‚Translate' these predications into English.

    a. *"x(Computer(x) ð ¬Work(x))*

    b. *¬$x(Clown(x) & Laugh(x))*

    c. *"x$y(Jedi(x) ð (Sith(y) & Fight(x,y)))*

    d. *"x(¬(Newspaper(x) & Buy(john,x)))*

    e. *x(Like(peter,x) ° ¬Lend(x,judy,money))*

...

Abb. II.4: Das Worksheet zum Thema „Predicates", ein Ausschnitt

Die Korrektur der Worksheets erfolgte manuell durch mich, den Kursleiter, schloss schriftliche Kommentare mit ein und musste innerhalb einer Woche vorgenommen werden, damit – wenn überhaupt – formative Effekte für die anschließende Präsenzphase entstehen konnten.

II.2.3 Verfahren der Inhaltsvermittlung

Für die Vermittlung der Inhalte empfahl sich aus meiner Sicht ein Mix aus Frontalpräsentation, Gruppenarbeit, Inhaltserschließung über Literaturarbeit und Übungsaufgaben, sowie die beschriebene Phase des Selbststudiums.

Da in allen linguistischen Studiengängen in vielen Bereichen, bis ins Hauptstudium hinein, immer auch Grundlagenwissen vermittelt wird – schließlich ist die Linguistik kein Schulfach – sind in nahezu allen Themenbereichen frontale Präsentationsanteile durch den Lehrenden erforderlich; so auch in einer 15-wöchigen Lehrveranstaltung zum Thema „Semantics", deren Inhalte im Wesentlichen neu waren und im bisherigen Studienverlauf im Rahmen eines vorangegangenen Einführungskurses in die Linguistik allenfalls angerissen werden konnten. Das Thema „Predicates" kam also im bisherigen Studium de facto noch nicht vor.[18]

Meine 90 Minuten Präsenzzeit waren daher wie in Tabelle II.2 dargestellt organisiert, wobei die Inhaltsvermittlung in den Phasen zwei und drei mit insgesamt 60 Minuten den zentralen Teil der Präsenzphase bildeten.

Tab. II.2: Organisation der Lerneinheit „Predicates"

No.	Dauer	Aktivität
1	Beginn	Definition der Lernziele, Erläuterung der Vorgehensweise, Wiederholung, Beantwortung von Fragen
2	ca. 30 Min.	Vorstellung der grundlegenden Maschinerie der Prädikatenlogik, unterbrochen durch Fragen an die Kursteilnehmer und Üben anhand des Handouts
3	ca. 30 Min.	Vorstellung der Quantoren, wiederum unterbrochen bzw. begleitet durch die Übungen auf dem Handout

---

[18] Die Einführung eines neuen Themas habe ich zu keiner Zeit durch studentische Referate vornehmen lassen, sondern stets selbst übernommen.

4	ca. 20 Min.	Übungsphase in Gruppenarbeit oder individuell anhand weiterer Fragen auf dem Handout
5	ca. 10 Min.	Vorbereitung einer Hausaufgabe zum Thema „Prädikatenlogik" sowie einer weiteren Frage zum Thema „Thematic Relations", das kurz frontal eingeführt wurde.
6	Ende	Zusammenfassung und Ausblick auf die Folgesitzung

Die sich an die Präsenzzeit anschließende Phase des Selbststudiums war durch Hausaufgaben (Worksheets), Literaturarbeit und – wenn nötig – durch die Bearbeitung von Fragestellungen, für die im Unterricht nicht genügend Zeit vorhanden war, gekennzeichnet.

Weiterführende Aufgabenstellungen, die eine über die zwei ECTS hinausgehende Arbeitslast rechtfertigen, z.B. Präsentationen, Projekte etc., spielen im Rahmen dieses Handbuches eine untergeordnete Rolle und werden daher nicht vertieft. Mit Web 2.0 Technologien lassen sich aber auch hier neue Möglichkeiten des kollaborativen Arbeitens in digitalen Umgebungen, z.B. mit Hilfe von Wikis, Blogs, um nur einige zu nennen, schaffen.

II.2.4 Hilfsmittel (Lehr- und Lerntechnologien)

Zentrale Hilfsmittel im Unterricht waren zu Beginn der 1990er Jahre mit PowerPoint erzeugte und auf Klarsichtfolie gedruckte Transparenzfolien, die über einen Overheadprojektor auf eine Leinwand projiziert wurden. Zusätzlich diente die Kreidetafel zum Festhalten der wichtigsten Punkte sowie zum Anschreiben von Diagrammen, Formeln, etc.

Ab 1996 und bis heute stand dann stets auch ein Datenprojektor, zunächst mobil, danach stationär, in den meisten Unterrichtsräumen zur Verfügung. Die PowerPoint-Folien mussten nun zwar nicht mehr ausgedruckt werden, das Präsentationsformat allerdings blieb das gleiche: ein Mix aus vorbereiteten Folien (PowerPoint-Slides) und dynamischem Tafelanschrieb.

Zu diesem Standard-Repertoire kamen in der linguistischen Lehre bei einigen Inhalten zwei Komponenten hinzu:

- Audio (für reine Hörbeispiele, z.b. Dialekte);
- Video zur Veranschaulichung (z.b. in der Phonetik).

Die Nutzung von Audiomaterialien im Unterricht war einfach: Man benötigte einen Kassettenrekorder mit Lautsprecherboxen und das entsprechende Tonmaterial in Kassettenform.

Um Videomaterialien, damals im VHS-Kassettenformat, zu nutzen, bediente man sich einer mobilen Kombination aus Fernseher und Videorekorder.

Beide Formate, VHS-Video und ‚analog' Audio, wurden allerdings bereits zu Beginn des 21. Jahrhunderts durch digitale Formate auf CD, DVD oder auch auf der Festplatte eines Computers abgelöst und z.b. in eine PowerPoint-Präsentation integriert. Den Teilnehmern einer Lehrveranstaltung allerdings blieb oft nur das bloße Zuschauen oder Anhören. Ein zeitlich und örtlich uneingeschränkter Zugang zu diesen Materialien war in der Regel nicht möglich.[19]

II.2.5 Beratung und Austausch

Außerhalb des Unterrichts gab es neben den Phasen des Selbststudiums eine Reihe zusätzlicher Aktivitäten, die auch in heutigen Lehr- und Lernszenarien immer noch von großer Bedeutung sind.

Dazu zählen die regelmäßigen Sprechstunden beim Kursleiter, die zwar primär der (Vor-)Besprechung zusätzlicher Aufgaben, z.b. Präsentationen oder Seminararbeiten, gewidmet waren, die aber auch zur Beantwortung noch offener Fragen verwendet wurden.

---

[19]   Zwischen 1996 und 1999 habe ich insgesamt fünf Lehr-CD-ROMs (sog. Courseware) produziert. Deren Anschaffung nahm die Fachbibliothek vor, die Ausleihe erfolgte wie eine Buchausleihe und war auf Einzelpersonen beschränkt.

Darüber hinaus nutzten auch im ‚Prä-Internetzeitalter' viele Studierende ihre ‚sozialen Netzwerke', damals allerdings noch nicht auf elektronischer Basis sondern ausschließlich über persönliche Kontakte: Sie bildeten – wie auch heute noch – Arbeitsgruppen.

II.3 Zusammenfassung – Lehre traditionell

Zusammenfassend lässt sich die klassische Hochschullehre wie in Abbildung II.5 dargestellt charakterisieren.

Die zentralen Aktivitäten fanden im Hörsaal bzw. im Seminarraum statt. Dort kamen Lehrende und Lernende zur gleichen Zeit zusammen, um nach einem vom Lehrenden bzw. Vortragenden vorgegebenen Tempo oder mittels anderer ‚Vermittlungsformate', wie z.B. Gruppenarbeit, die Inhalte zu erschließen.

Mit zusätzlichen selbstgesteuerten Maßnahmen außerhalb des Hörsaals sollten die Lernenden im Anschluss an die Phase der Inhaltsvermittlung dazu bewogen werden, den im Hörsaal vermittelten Stoff zu vertiefen.

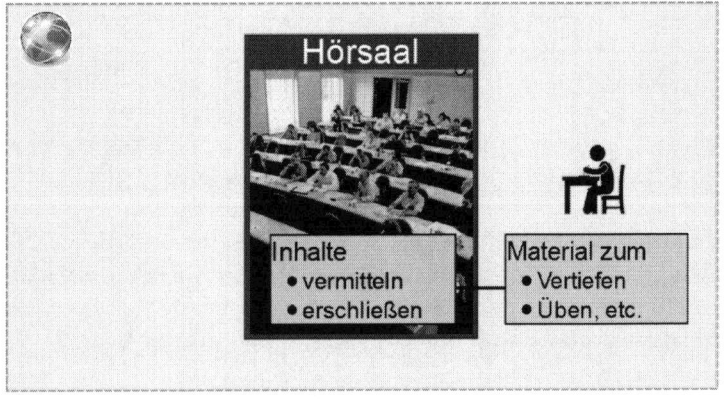

Abb. II.5: Aktivitäten und Räume in der klassischen Lehre

Der wohl gravierendste Nachteil dieser Methode ist das vom Vortragenden vorgegebene Lerntempo im Hörsaal, das nur in Ausnahmefällen („Können Sie das noch einmal wiederholen, ich habe es nicht verstanden?") durchbrochen wurde. Die Regel war: Inhaltsvermittlung und –erschließung an einem Ort im gleichen Zeitraum nach einem für alle gültigen gleichen Lehrtempo – von Individualisierung oder Adaptivität keine Spur.

Lehrformate wie das beschriebene, also eine Kombination aus Präsentation und Individual- bzw. Gruppenarbeit im Hörsaal, dazu Hausaufgaben zur Vertiefung der Inhalte, bilden das Rückgrat der Lehre in der Linguistik und in vielen anderen Fächern. Es macht weder Sinn, ein komplexes Thema wie „Predicates" einzig durch Literaturarbeit zu vermitteln, noch lässt sich das Thema durch reine Gruppenarbeit erschließen. Daher bildet eine solche Lerneinheit, die überwiegend neue Inhalte einführt, den geeigneten Ausgangspunkt für ein digitales Pendant. Übertragen auf andere Fächer heißt das lediglich, dass der Mix aus Präsentation und Individual- bzw. Gruppenarbeit überprüft bzw. an die Bedürfnisse des Faches angepasst wird und die entsprechenden Schlussfolgerungen für eine Digitalisierung gezogen werden.

Zusätzlich sollten die ‚analogen' Hilfsmittel wie Kreidetafel, Overhead-Projektor, Audio- und Videomaterialien durch effizientere, zeitgemäßere Hilfsmittel und Formate ersetzt werden.

II.3.1 Qualitätssicherung/Transparenz

An keiner Stelle und bei keiner der entwickelten und verwendeten Komponenten erfolgte eine Qualitätssicherung von dritter Seite. Die gesamte Verantwortung für die Inhalte und die verwendeten Vermittlungsformate lagen allein in meinen Händen. Zwar basierten die Inhalte auf vorhandenen Quellen, die von den jeweiligen Verlagen, wenn auch auf unterschiedliche Weise qualitätsgesichert (peer-reviewed oder nicht?) wurden, dennoch war ich für die Auswahl der Materialien allein verantwortlich. Ich kann bis heute nur hoffen, dass ich dabei die größtmögliche wissenschaftliche Sorgfalt habe walten lassen. Auf die Idee, Kollegen zu konsultieren, kam ich nur selten, und „Foren", oder „soziale Netzwerke" gab es im 20. Jahrhundert noch nicht.

Ob ich die Inhalte gut vermittelt habe, weiß ich ebenfalls bis heute nicht. Zwar wurden Mitte der 1990er Jahre verstärkt Evaluationen eingeführt, doch blieben diese eher wirkungslos und hatten keinen Einfluss auf die Gestaltung und Vermittlung der Inhalte von Lehrveranstaltungen. Und so ist bis heute eines der Merkmale der klassischen Lehre ihre Intransparenz, denn sowohl in den 1990er Jahren wie auch heute gab es Eines nur in Ausnahmefällen: Hospitationen von Fachkollegen oder ihre Rückmeldungen über die eigene Lehrkompetenz. Mit anderen Worten: Qualitätssicherung – Fehlanzeige, Transparenz – nicht vorhanden.

II.3.2 Der Aufwand

Der für die Vorbereitung der in diesem Abschnitt dargestellten Lerneinheit anzusetzende Aufwand lässt sich nur grob schätzen, da hier diverse Parameter zusammenwirken, u.a. die eigene Vorerfahrung im Zusammenhang mit dem zu vermittelnden Thema, die allgemeine Lehrerfahrung, sowie die Zusammensetzung der Zielgruppe. Ein Aufwand von ca. acht bis 16 Stunden für die erstmalige Erstellung und ca. zwei bis drei Stunden für die Aktualisierung der Lerneinheit bei einer erneuten Verwendung waren aber in jedem Fall einzuplanen, hinzu kam noch der nicht unerhebliche Aufwand für die Korrektur der Hausaufgaben (siehe hierzu Handke/Schäfer, 2012: 180ff.).

Abschließend sollten zwei Aspekte nicht unerwähnt bleiben, bzw. erneut herausgestellt werden: Die von mir in meiner Lehre verwendeten Inhalte stammten ausschließlich von dritter Seite. Ich hatte sie aus den verfügbaren Lehrbüchern bzw. aus den weiterführenden Publikationen exzerpiert und für meine Lerneinheit neu zusammengestellt. Die Deutungshoheit lag somit in meiner Hand.

Ebenso wichtig ist, dass es nicht ein einziges Buch oder ein einziger wissenschaftlicher Artikel war, auf dem die Inhalte der beschriebenen Lehrveranstaltung aufgebaut waren, sondern ein Mix aus verschiedenen Quellen. Genau diese Kombination verschiedener Materialien von dritter Seite kann – unter Beachtung bestehender Copyright-Regeln, folgerichtig auch die Grundlage einer digitalisierten Lerneinheit bilden.[20]

Fazit

Auch wenn die bisherigen Ausführungen zur Organisation einer klassischen Lerneinheit auf eigenen Erfahrungen beruhen, so erscheint eine Verallgemeinerung nicht unrealistisch. Die Lerneinheit „Predicates" habe ich schließlich nicht nur selbst mehrfach unterrichtet, sondern ich habe sie auch als Student, an deutschen und britischen Hochschulen besucht sowie im Rahmen meiner Weiterbildung an linguistischen Sommerschulen absolviert. Der Aufbau war immer so in etwa wie der geschilderte.

Da Lerneinheiten wie „Predicates", die Grundlagenwissen mit Transferwissen verknüpfen und sich somit auch für eine Kombination aus Frontalvortrag und Gruppenarbeit eignen, in der akademischen Lehre häufig vorkommen, lassen sich aus den durchaus persönlichen Ausführungen der vergangenen Abschnitte allgemein gültige Schlussfolgerungen für den Aufbau entsprechender Lerneinheiten ableiten.

---

[20] Zwar gibt es auch sogenannte „Textbook"-Kurse, in denen die Inhaltserschließung nahezu vollständig über die gemeinsame Bearbeitung von themen-relevanten Texten erfolgt. Im Fall der vorgestellten Lerneinheit „Predicates" kam diese Methode, wie bei vielen anderen meiner Lerneinheiten in der Linguistik auf Grund der Komplexität des Themas allerdings nicht in Frage.

II.4 Der Übergang zur digitalisierten Lehre

Um die in den vergangenen Abschnitten beschriebene Lehrveranstaltung in eine digitale bzw. eine digital unterstützte Lehrveranstaltung zu überführen, müssen die einzelnen Aktionen und Lehr-/Lernelemente präzise identifiziert werden, damit entschieden werden kann, ob und in welcher Form die Konvertierung in ein digitales Format vorgenommen werden kann. Tabelle II.3 nimmt diese Zuordnung auf der Basis der in Handke (2014a:57) definierten zentralen Aktivitäten der Lehre vor.

Tab. II.3: Aktivitäten, Aktionen und Elemente der klassischen Lehre

Aktivität	Aktion	Zu erstellende Elemente
Planen und Vorbereiten	Literaturrecherche	Teil eines Skripts für die Lerneinheit
Inhalte Vermitteln	Frontalpräsentation, Einzel- und Gruppenarbeit	Eigener Vortrag, Tafelanschrieb, Transparenz-/Digitale Folien (Teil des Skripts)
Prüfen und Korrigieren	Hausaufgabe stellen	Arbeitsblatt (Worksheet), Text zum Lesen bereitstellen/benennen
Benoten und Bewerten	Hausaufgabe korrigieren	Notenliste
Üben und Anleiten	Hilfestellung im Unterricht geben	Aufgabenblatt (Handout) mit Fragen, Zitaten etc.
Betreuen	Fragen beantworten	Literaturquellen, eigenes Wissen

Einige dieser Elemente sind bereits heute flächendeckend digitalisiert. Auch wenn die Medienbedienkompetenz vieler Hochschullehrer leider noch zu wünschen übrig lässt (Stampfl, 2014), darf angenommen werden, dass z.B. Notenlisten mehrheitlich nicht mehr mit Stift und Papier, sondern über digitale Spreadsheets, z.B. mit Excel, geführt werden. Und auch die traditionelle Literaturrecherche dürfte mittlerweile bei den meisten Hochschullehrern mit großer Wahrscheinlichkeit einer digitalen Recherche, so wie in Handke (2014a:54–56) beschrieben, gewichen sein.

Bleiben also die Elemente, die sich auf das Vermitteln, das Üben und das Bewerten beziehen. Übertragen auf die in diesem Abschnitt vorgestellte Lerneinheit „Predicates" heißt das, dass die Inhalte, deren Vermittlungsoptionen sowie die zusätzlichen Materialien zum Üben und Vertiefen digitalisiert und darüber hinaus Verfahren entwickelt werden, mit der die mühsame, klassische Stift-und-Papier-Korrektur von themenbezogenen Aufgaben durch moderne computergestützte Verfahren ersetzt werden kann.

Bevor wir diese Maßnahmen durchführen, ist es allerdings unumgänglich, die Wirksamkeit digitaler Lehr- und Lernelemente zu hinterfragen und den inhaltlichen Mehrwert der zur Verfügung stehenden Digitalisierungsoptionen abzuschätzen. Diese Debatte soll im Folgekapitel geführt werden.

Zusammenfassend lässt sich der Aufbau einer klassischen Lerneinheit wie in Abbildung II.6 gezeigt darstellen.

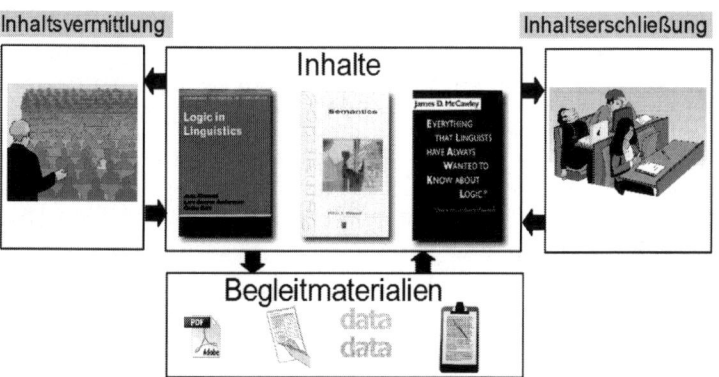

Abb. II.6: Die klassische Lerneinheit – zentrale Elemente und Aktivitäten
Quellen [Q1] und Handke, 2014a.

III Digitalisierung – Grundlagen

Ziel einer Digitalisierung der Lehre sind nicht die flankierenden Elemente der Lehre sondern die zentralen Aktivitäten (Handke, 2014a:57), also die Inhalte und die Verfahren zur Inhaltsvermittlung und Inhaltserschließung. Die dafür benötigten Komponenten sollen so digitalisiert werden, dass sie einen inhaltlichen Mehrwert im Vergleich zu klassischen Materialien bieten und zugleich dem Lernverhalten und der Lebenssituation der heutigen Generation entsprechen. Doch welche Digitalisierungsformate gibt es, und welchen Mehrwert bieten diese?

Reicht es, zum Beispiel, wenn wir einen Vorlesungsvortrag, der möglicherweise ohnehin in großen Teilen von einem Skript abgelesen wird, durch ein digitales Format, z.b. als PDF-Datei, ersetzen? Bereits in Handke/Schäfer (2012:83ff) hatten wir argumentiert, dass durch ein derartiges Digitalisierungsformat außer der besseren Verfügbarkeit kein Mehrwert im Vergleich zu einem klassischen Szenario entsteht. Doch mit welchen Verfahren bzw. Digitalisierungsformaten können überhaupt inhaltliche Mehrwerte erzielt werden?

Eine pauschale Antwort auf diese Frage ist nicht möglich. Es ist stets eine Einzelprüfung vorzunehmen, die fachspezifisch völlig unterschiedlich ausfallen kann.

III.1 Digitale Komponenten: Von Texten zu Multimedia

In Handke/Schäfer (2012:83ff) hatten wir begründet, dass außer Video und Multimedia die übrigen Elemente, die zur Vermittlung von Inhalten in Frage kommen, nur eine untergeordnete Rolle spielen. So werden wissenschaftliche Texte auf Grund ihrer Komplexität oft nicht hinreichend durchdrungen, isolierte Grafiken bedürfen der Kommentierung, und auch Audio allein ist nur bedingt mehrwertfähig, da der visuelle Kanal fehlt (Kerres, 2013:87).

Weitere Elemente der Lehre, wie z.b. Vorlesungsskripte, Folien oder Tafelanschriebe sind ebenfalls nur bedingt für die Inhaltsvermittlung geeignet, da sie im Idealfall ja lediglich Stichpunkte enthalten sollen (Winteler, 2009:52/53). Stichpunkte allein allerdings sind ohne weitere Zusätze für eine Inhaltsvermittlung allenfalls unterstützend, können aber die klassische Form der Inhaltsvermittlung nicht ersetzen.

Somit bleiben Videomaterialien und multimediale Elemente (bei denen Video oft ein integraler Bestandteil ist) für die Digitalisierung der zentralen Komponenten der Lehre übrig. Alle übrigen Elemente (Texte, Grafiken, Animationen, Simulationen und auch die Integration von „Social-Media-Umgebungen") sind wichtige und nützliche Additive, im Zentrum allerdings stehen die Vermittlung und die digitale Umsetzung der Inhalte vor dem Hintergrund eines signifikanten inhaltlichen Mehrwertes im Vergleich zu klassischen Medien. Und diesen Mehrwert können nur multimediale Lernumgebungen sowie – mit Abstrichen – Videomaterialien bieten.

> „So lässt sich ein didaktisch anspruchsvolles Lehr- und Lernszenario erst mit technisch anspruchsvoll aufbereiteten multimedialen, adaptiven und hypermedialen (Selbst-)Lernumgebungen und -systemen <...> sehr gut realisieren." (Mayrberger, 2013:201).

Betrachtet man jedoch den Entwicklungsaufwand, bleibt letztendlich nur Video übrig. Bereits 2007 konstatierte Harald Kleimann, dass die Entwicklung multimedialer Szenarien *„nicht nur viel Zeit und Geld, sondern auch erhebliches technisches und didaktisches Know-How [kostet]"* (Kleimann, 2007:152), eine Aussage, die aus eigener Erfahrung nur bestätigt werden kann: Multimediale Lehr- und Lernumgebungen, wie z.B. unser *Virtual Linguistics Campus*, oder das von uns im Auftrag des Landesschulamtes Hessen entwickelte *Virtuelle Zentrum für Lehrerbildung*, sind zeit- und ressourcenaufwändige Entwicklungen, die nur durch großen Personaleinsatz unter Zurückstellung anderer Aktivitäten gelingen konnten. Somit scheidet bei ‚normalen' Konstellationen, d.h. ohne zusätzliche personelle oder finanzielle Ressourcen, auch Multimedia als Realisierungsmöglichkeit unserer Digitalisierungsbemühungen aus.

Was bleibt, sind Videomaterialien. Doch auch hier ist Vorsicht geboten, und es kommt unsere dritte These: *„Learning is not just Video"* ins Spiel (siehe S. 13).

Diese zentrale These geht auf unsere nordamerikanischen Partner im Rahmen der ersten „Inverted Classroom" Konferenz in Marburg 2012 zurück und sollte bei der Produktion digitaler Lehr- und Lernmaterialien stets im Vordergrund stehen.

Offenbar kannten viele MOOC-Entwickler[21], die der Meinung waren, mit einigen wenigen Videos ganze Online-Kurse erstellen zu können, diesen Leitsatz nicht. So ist es nicht verwunderlich, dass sie nach einer kurzen Phase der Euphorie zugeben mussten:

> „Wir <die MOOC-Entwickler> waren zwar auf den Titelseiten der Presse, mussten aber gleichzeitig zur Kenntnis nehmen, dass wir nicht wie gewünscht ausbilden. Wir haben ein ‚ziemlich lausiges Produkt'. (Thrun, November 2013).[22]

Es geht also nicht darum, die Lehre um jeden Preis mit Videomaterialien anzureichern oder gar zentrale inhaltliche Elemente einfach nur durch Videos zu ersetzen, sondern es steht die Frage im Zentrum, wie Videomaterialien gestaltet und sinnvoll in die Lehre integriert werden können, und mit welchen zusätzlichen Methoden mit Videos effizient gelehrt und gelernt werden kann.

Im Vergleich zu Audio- und Textmaterialien bieten Videos einen entscheidenden Mehrwert: Sie fügen dem Text bzw. dem singulären Audiokanal die visuelle Information hinzu, die im Gegensatz zu einfachen Grafiken dem Vermittlungsformat, sei es durch die

---

[21] MOOC = Massive Open Online Course (dt. nicht zugangsbeschränkter Online-Kurs ohne Begrenzung der Teilnehmerzahl), siehe Schulmeister (2013).

[22] Originalzitat: *"We <the MOOC producers> were on the front pages of newspapers and magazines, and at the same time, I was realizing, we don't educate people as others wished, or as I wished. We have a lousy product."* (Sebastian Thrun, November 2013, in Chafkin: 2013).

Integration des Sprechers mit seiner Gestik und Mimik oder durch die Aufbereitung und Präsentation der Inhalte selbst, eine hohe Dynamik verleihen kann (vgl. Schwan, 2014: 2:25 bis 3:05). Und wie bei Audiomaterialien gibt es die Möglichkeit zur Kontrolle des Ablaufes: Anhalten, Vor- bzw. Zurückspulen, so dass der Lerner stets die Kontrolle über sein eigenes Lerntempo behält.

Darüber hinaus lassen sich mit speziellen visuellen Elementen, z.b. mit den sogenannten „callouts" (dt. „Anmerkungen") oder durch die Veränderbarkeit der Abspielgeschwindigkeit, zusätzliche Effekte erzielen, die dem Live-Vortrag sogar überlegen sind (siehe Abschnitt V.2.3).

Ziel der Digitalisierung der zentralen Elemente einer Lerneinheit sollte es somit sein, ausgewählte Inhalte in geeignete Videoformate zu übertragen. Doch welche Videotypen kommen dafür in Frage? Das soll im folgenden Abschnitt geklärt werden.

III.2 Parameter für die Klassifikation von Lehrvideos

Es gibt verschiedene Typen von Videos für die Lehre und genauso viele Möglichkeiten, diese zu klassifizieren. Dadurch entstehen zahlreiche Überlappungen in der relevanten Terminologie, aber auch begriffliche Verwirrungen. So werden mancherorts Vorlesungsaufzeichnungen und Lehrfilme einander gegenübergestellt, an anderer Stelle werden beide unter dem gleichen Label „inhaltsvermittelnde Lehrvideos" aufgeführt (vgl. Guo et al., 2014 und [INT2]), oder es werden E-Lectures (noch dazu mit unterschiedlicher Schreibweise) mit Vorlesungsaufzeichnungen gleichgesetzt, aber auch komplementär verwendet (siehe z.B. Hessisches Ministerium für Wissenschaft und Kunst, 2014).

Es ist nicht das Ziel dieses Handbuches, diese unsystematische Verwendung von Begriffen und Bezügen richtig zu stellen, es soll aber versucht werden, eine schlüssige Klassifikation von Lehrvideos zu erstellen, die es uns ermöglicht, die für die Lehre benötigten Videomaterialien sicher einzuordnen. Dazu werden folgende Parameter zur Einordnung von Lehrvideos diskutiert:

- die Aufnahmemethode,
- die Inhaltsvermittlung,
- der Aufnahmeort,
- die Spieldauer,
- die Integration des Sprecherbildes.

III.2.1. Die Aufnahmemethode

Wählt man die Aufnahmemethode als zentralen Parameter, lassen sich zwei unterschiedliche Varianten definieren:

- Aufnahmen mit einer Kamera
- Abgreifen des Computerbildschirms (Screencasts)

Während bei einer reinen Kameraaufnahme alle Elemente, z.B. der Sprecher, das Tafelbild und auch die Interaktion mit anderen Teilnehmern, erfasst werden, beschränkt sich ein sog. Screencast (dt. „Bildschirmabguss", „Bildschirmaufzeichnung") auf die Erfassung des Geschehens auf einem Computerbildschirm in seinen verschiedenen Formen (Desktop-PC, Tablet-PC, Interaktives Whiteboard).[23]

---

[23]   Der Begriff „Screencast" wird alternativ auch als Ableitung von „Podcast" (Vollform = „iPod-broadcast"), womit der Versand von Audio-Dateien über den klassischen „iPod" bezeichnet wird, verstanden. Da aber ein „Versand" nicht notwendigerweise Bestandteil eines „Screencast" ist, wird die Interpretation des „Abgusses" bzw. der „Aufzeichnung" empfohlen.

Abb. III.1: Beispiel eines Vortragsmitschnittes [V26]

Bei vielen Lehrvideos werden beide Methoden allerdings kombiniert: Mit der Kamera werden z.b. das Hörsaalgeschehen und/oder das Bild des Sprechers aufgezeichnet (in Abbildung III.1 rechts), per Screencast wird zusätzlich die Präsentation des Sprechers vom Bildschirm abgegriffen (in Abbildung III.1 der große Teil links und in der Mitte). Daher macht eine Unterscheidung von Videos auf der Basis der Aufnahmemethode wenig Sinn. Eine Unterteilung von Lehrvideos in Kameraaufnahme und Screencast spielt somit keine zentrale Rolle und wird in der Folge nicht als Kriterium für die Klassifikation von Lehrvideos herangezogen.

III.2.2 Aspekte der Inhaltsvermittlung

Eine weitere Unterscheidungsmöglichkeit bezieht sich auf die Art der Inhaltsvermittlung in einem Lehrvideo. So schlagen Guo et. al (2014) in ihrer Studie zur Wirksamkeit von Lehrvideos in Massive Open Online Courses eine Unterteilung in „Lecture-Style"- und in „Tutorial/Demonstration"-Formate vor. Lecture-Style-Formate sind nach dieser Klassifikation Video-Formate, bei denen der Sprecher während einer Präsentation aufgezeichnet wird, während die „Tutorial"-Formate sich im wesentlichen auf reine Screencasts beschränken, in denen kurze Erklärungen zu ausgewählten Problemen gegeben werden.

Andere Ansätze unterscheiden zwei inhaltliche „Formen" der „Videoaufzeichnungen": den Mitschnitt einer klassischen Vorlesung, leider bisweilen recht widersprüchlich auch E-Lecture genannt [INT3], und die „Lehrfilme", die außerhalb des Hörsaals erzeugt werden und für komplexe Zusammenhänge, Versuchsbeschreibungen oder Experimente besonders geeignet sind [INT2]. Eine einheitliche Klassifizierung von Videos bezogen auf die Vermittlung der Inhalte allerdings liegt bisher nicht vor.

Somit erscheint auch diese Klassifikation von Lehrvideos nur wenig zielführend.

III.2.3 Der Aufnahmeort („Setting")

Je nach Aufnahmeort und verwendeter Ausstattung können nach Guo et al. (2014) folgende Typen von Lehrvideos klassifiziert werden: [24]

- Videos im „Classroom-Setting",
- Videos im „Studio-Setting",
- Videos im „Office-Setting".

Während im Classroom-Setting das Lehrvideo live – in der Regel ohne besondere Zusatzeffekte – vor bzw. mit einem echten Publikum im Hörsaal bzw. im Klassenzimmer erzeugt wird, findet die Aufnahme sowohl in der „Studio"- als auch in der „Office"-Variante an speziellen Aufnahmeorten statt, die sich hauptsächlich in der technischen Ausstattung unterscheiden.

Wir werden in Abschnitt III.3 sehen, dass sich mit dem Parameter „Setting" eine angemessene Unterscheidung von Lehrvideos vornehmen lässt, die – kombiniert mit dem im nächsten Abschnitt

---

[24]   Da sich die englischen Bezeichnungen nur sehr umständlich ins Deutsche übersetzen lassen, wird in der Folge keine weitere Übersetzung vorgenommen.

diskutierten Parameter „Spieldauer" – als Grundlage für die Klassifikation von Lehrvideos im Rahmen dieses Handbuches verwendet werden kann.

III.2.4 Die Spieldauer

Die Spieldauer von Lehrvideos kann von der Länge einer Vorlesung, die in Lehrveranstaltungen an deutschen Hochschulen bis zu 90 Minuten betragen kann, bis zu wenigen Minuten, manchmal sogar weniger als eine Minute, betragen. Allerdings stehen Spieldauer und Wirksamkeit in einem umgekehrten Verhältnis zueinander.

In ihrer Studie zum „Student Engagement in MOOCs" haben Guo et al. (2014) eine durchschnittliche „Engagement Time" (dt. Betrachtungszeit/Nutzungsdauer) bei Lehrvideos von bis zu sechs Minuten ermittelt, die bei Videos mit einer Länge von 12 bis 45 Minuten Dauer sogar erheblich kürzer ausfällt. Als Konsequenz haben einige Produzenten ihre Lehrvideos in maximal sechsminütige Blöcke aufgeteilt.

Auch wenn sich diese Studie ausschließlich auf „Massive Open Online Courses" bezieht, Kurse also, bei denen viele Teilnehmer generell nur mit geringem Engagement zu Werke gehen, so scheint die Annahme, kurze Videos als wirksamer einzustufen, durchaus ihre Berechtigung zu haben. Die in öffentlichen Videokanälen wie YouTube zur Verfügung stehenden Nutzungsstatistiken bestätigen dies (Cuddy, 2010:88). So werden in unserem eigenen Videokanal „The Virtual Linguistics Campus" kurze, maximal zweiminütige Lehrvideos, themenunabhängig nahezu vollständig angeschaut (durchschnittliche Nutzungsdauer: 98%), während bei längeren, bis zu 20-minütigen Lehrvideos die durchschnittliche Nutzungsdauer pro Video auf bis zu 60% der gesamten Spieldauer abfällt.

Somit scheint der Wunsch nach Kompaktheit offenbar eine zentrale Variable im Nutzerverhalten von Lehrvideos zu sein und sollte bei der Klassifikation und beim Einsatz von Videos in der Hochschullehre berücksichtigt werden.

III.2.5 Das Sprecherbild

Eine häufig diskutierte Frage bei der Erstellung und Nutzung von Lehrvideos bezieht sich auf die Integration des Sprecherbildes (engl. „Talking Head") in das Video. Während Videos, die das Bild eines Sprechers – ob im Vollbildmodus oder nicht – integrieren, in hohem Maße personalisiert sind und damit deren Nutzung von dritter Seite möglicherweise erschweren, sind Videos ohne Sprecherbild eher neutral und verringern eventuell die Hürde zur Nutzung durch Dritte.

Allerdings kann ein Sprecherbild bezogen auf die im Video zu vermittelnden Inhalte von großer Bedeutung sein. So ist bei Videos mit eher statischen visuellen Inhalten ein unterstützendes Sprecherbild wichtig, um z.b. durch Gesten und Mimik die non-verbalen Aspekte zu unterstützen (vgl. Guo et al. 2014, Empfehlung 2; Schwan, 2014: 12:00 bis 12:41).

Ein völlig anders gelagertes Argument für die Integration des Sprecherbildes stammt aus der Fernlehre. An Institutionen wie z.b. der Fernuniversität Hagen oder der Open University in Milton-Keynes in Großbritannien, an denen es keine Präsenzlehre gibt, erzwingen die dort erstellten Lehrvideos geradezu das Sprecherbild, ist es doch eine von wenigen Möglichkeiten für die dortigen Studierenden, ihre Lehrer in Aktion zu Gesicht zu bekommen:

> „Allgemein ist das Video im Fernstudium ein wichtiges Mittel, um die Isolation der bzw. des einzelnen Studierenden im Lernprozess durch das Zeigen von Lehrenden und Kommilitoninnen und Kommilitonen zu lindern." (Vogt/Deimann, 2014: 113)

Unabhängig von der Art der Lehre gibt es in nahezu jedem Fach dynamische Inhalte, bei denen sich der Bildschirminhalt kontinuierlich ändert. Bei solchen Videos, z.B. bei der Entwicklung mathematischer Formeln bzw. Ableitungen oder dem sukzessiven Aufbau hierarchischer Strukturen in nahezu allen Naturwissenschaften reicht oft der sich ständig verändernde Bildschirminhalt ohne Sprecher aus. Bei vielen solcher Videos mit Erklärcharakter, oft auch „Erklärvideos" genannt, ist das Sprecherbild sogar eher kontraproduktiv, da es unter Umständen sogar vom Inhalt ablenken könnte: In einem kurzen Video, das z.b. die Generierungssequenz bei der Erzeugung linguistischer Baumstrukturen zum Gegenstand hat, würde ein Sprecherbild nur vom zentralen Inhalt ablenken und sollte daher, wie in Abbildung III.2 dargestellt, weggelassen werden.

Somit hängt die Hinzunahme des Sprecherbildes entscheidend vom Fach bzw. vom Inhalt ab. Während ein Video, dessen Grundlage z.b. ein geisteswissenschaftlicher Argumentationsstrang ist, ohne Sprecherbild kaum vorstellbar ist, funktionieren zahlreiche Erklärvideos in den Naturwissenschaften bestens ohne Sprecherbild.

Um dennoch den positiven Effekt menschlicher Bewegungen in ein solches Erklärvideo zu integrieren, zeigen manche Videos die Hand des Schreibers als Cursor-Ersatz (siehe Abbildung III.2 und auch Abschnitt V.2.3).

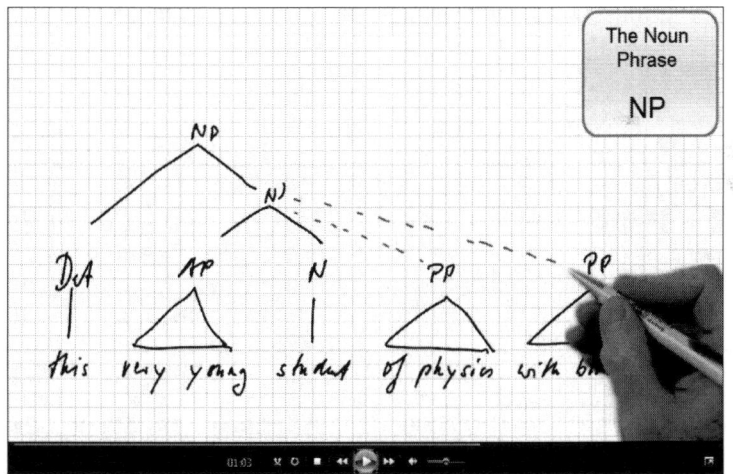

Abb. III.2: Erklärvideo ohne Sprecherbild, Quelle [V23]

III.2.6 Zusammenfassung - Videoklassifikation

Von den in den vergangenen Abschnitten behandelten Parametern für die Klassifikation von Lehrvideos haben sich somit zwei als zentrale Eckpfeiler erwiesen: der Aufnahmeort (Setting) und die Spieldauer. Inhaltliche Aspekte oder die Unterscheidung in Kameraaufnahme und Screencasts sind dagegen wenig hilfreich, da zu viele Überschneidungen entstehen würden.

Die Integration des Sprecherbildes schließlich ist ein wichtiger Aspekt bei der Erzeugung von Lehrvideos, dient allerdings nicht zu deren Klassifikation, sondern beeinflusst Aspekte wie Inhalt und Nutzung. Sie sollte daher stets im Einzelfall und fachspezifisch entschieden werden.

Im folgenden Abschnitt soll nun auf der Basis der Parameter Setting und Spieldauer eine Klassifikation vorgenommen werden, mit deren Hilfe wir entscheiden können, wie und mit welchen Formaten die Inhalte unserer Lehre digitalisiert werden können.

III.3 Videos für die Lehre

Schauen wir uns zunächst den Parameter „Setting" an, d.h. wir wollen versuchen, anhand des Aufnahmeortes und der verwendeten Hilfsmittel verschiedene Video-Szenarien zu identifizieren, um anschließend über ihre Wirksamkeit in der Hochschullehre zu entscheiden.

III.3.1 Das Classroom-Setting

Bei Videos, die im Classroom-Setting erzeugt werden, handelt es sich um Live-Aufnahmen des Unterrichts im Hörsaal oder im Klassenzimmer vor einem Publikum. In Abhängigkeit vom Thema kann neben dem Sprecherbild die Präsentation des Lehrenden als Screencast mit aufgenommen werden und so Teil des Lehrvideos werden.

Die Bezeichnung für ein solches Szenario ist „Vorlesungsaufzeichnung" oder „Live-Digitized-Lecture", kurz LDL. Abbildung III.3 zeigt zwei Varianten einer LDL, eine einfache Variante, bei der das Geschehen im Hörsaal schlicht abgefilmt wird, und eine Vorlesung, bei der durch eine nachträgliche Bearbeitung Dozent, Inhaltsverzeichnis und die Präsention selbst zusammengeführt wurden.

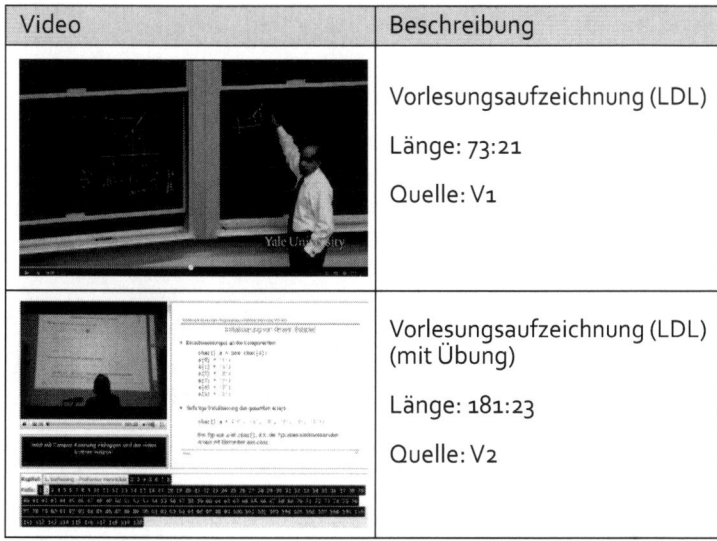

Video	Beschreibung
	Vorlesungsaufzeichnung (LDL) Länge: 73:21 Quelle: V1
	Vorlesungsaufzeichnung (LDL) (mit Übung) Länge: 181:23 Quelle: V2

Abb. III.3: Videos im Classroom-Setting: Vorlesungsaufzeichnungen (LDL)

Die erforderliche personelle Ausstattung hält sich beim Classroom-Setting in Grenzen: Je nach „Bewegungsfreudigkeit" des Lehrenden werden ein Kameramann zur Nachführung der Kamera und, abhängig vom Anspruch an die Qualität des Videos, Personal zur Nachbearbeitung benötigt.

Auch der Hard- und Softwareausstattungsbedarf ist überschaubar: Mit einem einfachen Laptop, einem Mikrofon und einer handelsüblichen Kamera lassen sich im Zusammenspiel mit einer Screencast Software, wie z.B. Camtasia Studio, hervorragende Ergebnisse erzielen. Zur Aufnahme von Vorlesungen oder Vorträgen muss somit kein spezielles Aufnahmeteam bemüht werden, sondern es reichen einfache ‚Bordmittel' aus. So wurde das Vortragsvideo in

Abbildung III.1 (S. 61) ohne spezielle Ausstattung mit einer handelsüblichen digitalen Videokamera, einem Laptop mit Stifteingabe ohne zusätzliches Personal aufgenommen und produziert.

Tabelle III.1 fasst die benötigte Minimalausstattung für die Erstellung von LDLs zusammen.

Tab. III.1: Lehrvideos im Classroom-Setting: Hard- und Software

Gerät	Neupreis ab €
Computer (z.B. Laptop)	500,-
Externes (z.B. USB) Mikrofon	40,-
Digitale Videokamera	500,-
Videoschnittsoftware *	250,-
Videokonverter	45,-

* am häufigsten verwendet: Camtasia, Lecturnity oder ProfCast

Das Classroom-Setting hat sich mittlerweile allerdings als nicht sehr wirkungsvoll erwiesen. Die Gründe dafür sind vielfältig: Auf der einen Seite sind komplette Aufzeichnungen des Hörsaalgeschehens schlicht zu lang und enthalten diverse nicht inhaltsbezogene Elemente, z.T. sogar Pausen oder Wiederholungen, zum anderen sind die technischen Schwierigkeiten bei der Aufnahme solcher Veranstaltungen nicht zu unterschätzen: Beleuchtungsprobleme, Probleme mit der Akustik etc. sind Gründe, die oft dazu führen, dass so entstandene Videos nur in Teilen geschaut werden.

Somit haben klassische Vorlesungsaufzeichnungen in voller Länge (45 bis 90 Minuten) außer der örtlich und zeitlich permanenten Verfügbarkeit im Vergleich zur persönlich gehaltenen Vorlesung keinen signifikanten Mehrwert. Und da im Gegensatz zum traditionellen Pendant dieser Videovorlesung keine Interaktion mit dem Lehrenden möglich ist, entsteht sogar ein kleiner Minderwert.

Darüber hinaus sind die durch LDLs entstehenden didaktischen Auswirkungen gering, und für eine Nutzung durch Dritte kommen viele LDLs überhaupt nicht in Frage.[25] Sie eignen sich allenfalls zur Nachbereitung von Lerninhalten, z.b. im Krankheitsfall oder aus anderen Gründen für das Verpassen der Präsenzphase. Die Präsenzphase selbst verändert sich dadurch jedoch nicht. Sie muss nach wie vor im klassischen Format gehalten werden.

Viele deutsche Hochschulen werben dennoch mit ihrem LDL-Angebot und betonen dabei insbesondere die dadurch entstehenden verbesserten Möglichkeiten für Studenten, sich auf Klausuren vorzubereiten:

> „Die Studierenden nutzten die Aufzeichnungen im laufenden Semester insbesondere zur Nachbereitung von Sitzungen und zur Klausurvorbereitung." (E-Learning an Hessischen Hochschulen, 2014:10)

Dieses Prinzip erscheint aber höchst fragwürdig: Zum Einen überlegen sich die Studenten dann zu Recht, warum sie zu den anberaumten Präsenzterminen überhaupt erscheinen sollen, und zum Anderen muss der Mehrwertaspekt einer solchen Maßnahme „LDL zur Klausurvorbereitung" hinterfragt werden. Denn wenn lediglich die LDL-Inhalte Grundlage der Klausurvorbereitung sind, wird kaum ein Student über den Tellerrand hinausschauen und mehr tun als in den LDLs angesprochen wurde.

Die Erstellung von LDLs allein für diesen Einsatzzweck rechtfertigt nicht den Aufwand; ein Begleitskript oder die Mitschriften von Kommilitonen hätten es dann möglicherweise auch getan.

Ein Anwendungsgebiet für LDLs gibt es aber dennoch: Einzelvorträge sowie Vorträge im Rahmen von Fachtagungen (siehe auch Abschnitt V.3). Als LDL digitalisiert können sie so einem breiteren Publikum zur Verfügung gestellt werden als vor Ort während des jeweiligen Vortrages anwesend war. Abbildung III.4 zeigt einen solchen Vortragsmitschnitt des Autoren, der während eines Workshops mit ca. 20 Teilnehmern mit den in Tabelle III.1 aufgelisteten

---

[25] Ein solches abschreckendes Beispiel ist das Video [V24], in dem der Zuschauer mehr als 50 Minuten lang mit einer abgefilmten Gruppenarbeit gelangweilt wird.

Mitteln erzeugt und nur wenige Tage danach bereits von mehreren Hundert Personen abgerufen wurde.[26]

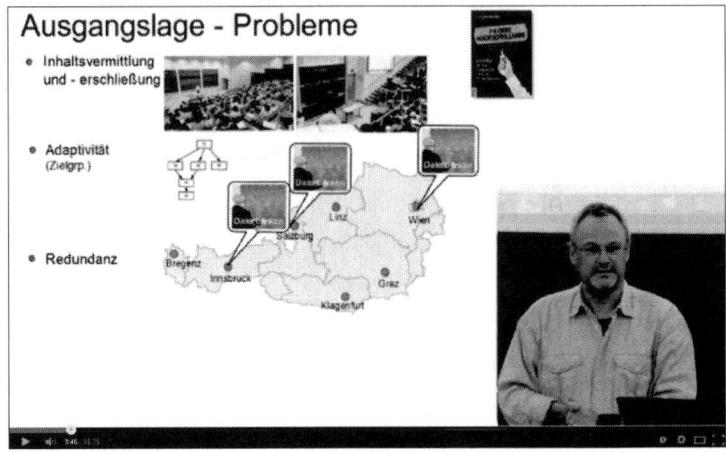

Abb. III.4: Vortragsvideos im Classroom-Setting [V6]

Im Kontext der Lehre selbst sind LDLs allerdings kein probates Mittel für eine weitreichende Digitalisierung der Hochschullehre, insbesondere nicht vor dem Hintergrund der Schaffung einer neuen ,digitalen' Didaktik. Sie beherzigen die in der Einleitung propagierte Rahmenthese *„Didactics must drive technology and not vice versa"* nur bedingt.

Tabelle III.2 fasst die wesentlichen Eigenschaften von Videos im „Classroom-Setting zusammen.

Tab. III.2: Videos im Classroom-Setting – Allgemeines

Klassisches Äquivalent	Frontalvorlesung
Dauer	bis zu 90 Minuten
Nutzungsart	nachträglich
Mehrwert	---

---

[26] Ein ähnliches Beispiel dieser Art ist die frei verfügbare Gastvorlesung „Der Urknall und die Gottesfrage" im Videoportal der LMU München [V25].

III.3.2 Das Studio-Setting

Aufnahmen im „Studio-Setting" werden im Gegensatz zum Class-room-Setting in der Regel an speziell dafür hergerichteten Aufnahmeorten mit einem nicht unerheblichen technischen Aufwand erstellt. Dadurch lassen sich Videos herstellen, die zu professionellen Produktionen kaum nachstehen. Die entscheidende didaktische Frage ist nur, ob man das will, oder ob man an die Videos, die zur Unterstützung der Lehre dienen sollen, nicht andere Ansprüche stellen sollte.

Schauen wir uns das stellvertretend an einem Beispiel aus dem Themenbereich „The Evolution of Human Language" an, zu dem es zahlreiche professionelle und frei verfügbare Videoproduktionen im Internet gibt.

Ziel einer solchen Lerneinheit ist es unter anderem, die verschiedenen Forschungsergebnisse zur Thematik „Hominiden" zusammenzufassen, paläontologische Funde zu präsentieren und zu diskutieren und – im Rahmen einer sprachwissenschaftlichen Lehrveranstaltung – ihre Auswirkungen auf die Entstehung der Sprache darzustellen.

Will man z.B. den Stellenwert des Australopithecus im Stammbaum der Hominiden als Lerninhalt vermitteln und den Fund von 3,5 Millionen Jahre alten Fußspuren zusammen mit den relevanten Zusatzinformationen dokumentieren, bietet sich in einem traditionellen Lehrformat, wie in Abbildung III.5 gezeigt, eine Text-/Bildkombination als digitale Transparenzfolie an.

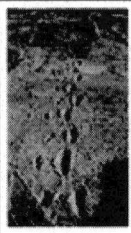

Discovery: footprints by
2 male
1 female
Australophitecines
• **Dated back to**: 3,5 Mill BC

• **Location**: Laetoli, Tanzania

• **Excavator**: Mary Leakey, 1976

Mary Leakey, 1913-1996

Abb. III.5: Text-/Bildinformation als Vermittlungsgrundlage

In Dokumentarfilmen, à la „Terra X" oder mit Produktionen von „National Geographic" werden zwar gewaltige Anstrengungen bei der Produktion unternommen, um die Inhalte möglichst publikumswirksam darzustellen, ob das den Lernprozess fördert, ist allerdings fraglich.

Für die in Abbildung III.5 gezeigte Information sind z.B. in einem Video von „National Geographic" (Abbildung III.6) mehr als zwei Minuten Videozeit notwendig. Es wird mit Hintergrundmusik und aufwändigen Effekten gearbeitet, und es werden – wie in Printform nicht darstellbar – zahlreiche dramatisierende Effekte (z.B. Geräusche von niederfallender Vulkanasche), die nichts mit dem zu lernenden Inhalt zu tun haben, eingebaut.

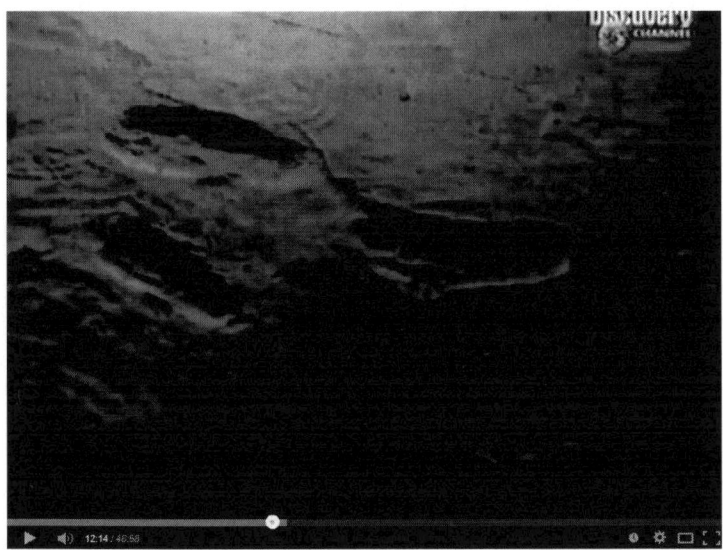

Abb. III.6: The Origin of Man, National Geographic [V9]

So unterhaltsam solche Produktionen, die in großer Zahl im Internet zu finden sind, auch sein mögen, sie sind nicht zum Lernen produziert worden, sondern sie dienen primär zur Unterhaltung.[27] Es ist daher fraglich, ob mit Dokumentarfilmen, die typischerweise im Studio-Setting erzeugt werden, die gewünschten Lerneffekte erreicht werden.

Doch es gibt Ausnahmen. Werden z.B. signifikante inhaltliche Mehrwerte erst durch aufwändige Produktionen möglich, spricht nach Abwägung von Kosten und Nutzen nichts gegen eine Studioproduktion. Ein Beispiel für ein solches Videoszenario ist in Abbildung III.7 aufgeführt.

---

[27] Ich lade den Leser an dieser Stelle ein, die in Abbildung III.5 dargestellte und für den Lernprozess aufbereitete Information im Video [V9] zu lokalisieren und trotz genauer Zeitangabe (11:40 bis 13:56) inhaltlich auszumachen.

Abb. III.7: Kochkunst in der Statistikvorlesung [Q8]

Hier wurde in einem simulierten Kochstudio, ein Szenario, das in einer Live-Vorlesung undenkbar wäre, eine Statistikvorlesung vor einem Greenscreen aufgenommen, in der inhaltlich relevante Effekte anhand eines Kochvorganges unterhaltsam illustriert wurden. Die Produktion wurde in einem Studio hergestellt und aufwändig nachbearbeitet. Der so entstandene inhaltliche Mehrwert hätte in keinem anderen Setting erreicht werden können.

Es gibt somit auch immer wieder gute Argumente, insbesondere in Fernstudienszenarien, für aufwändige Produktionen von Lehrvideos in einem Studio-Setting.

III.3.3 Das Office-Setting

Die dritte Variante ist das Office-Setting. Dabei steht der Begriff „Office" (dt. Büro) stellvertretend für all diejenigen Orte, die weder den Hörsaal bzw. Klassenraum noch ein speziell ausgestattetes Studio zur Videoproduktion nutzen. Somit können Lehrvideos im Büro selbst, aber auch an anderen Orten, wie z.B. an einem Tisch im Foyer, per Außenaufnahme, oder auch einfach nur am Computer selbst erzeugt werden. Wichtige Voraussetzungen sind: Es wird weder eine spezielle Studiotechnik eingesetzt, noch findet die Aufnahme live vor einem Publikum statt. Die Ausstattung ist somit die gleiche, wie sie in Tabelle III.2 für das Classroom-Setting definiert wurde. Bearbeitet man die entstehenden Videos selbst, kann darüber hinaus auf zusätzliches Personal vollständig verzichtet werden.

Im Office-Setting produzierte Lehrvideos bilden somit derzeit die einzig realistische Möglichkeit zur flächendeckenden Digitalisierung der Hochschullehre. Videos, die in den übrigen Szenarien erzeugt werden, sind im Vergleich dazu von untergeordneter Bedeutung und kommen, wenn überhaupt, dann höchstens als Fremdmaterialien und eher nur auszugsweise unter Angabe der anzuschauenden Anfangs- und Endzeit zum Einsatz.

In der Folge soll nun eine genauere Klassifikation von Lehrvideos im Office-Setting vorgenommen werden. Dazu bedienen wir uns des zusätzlichen Parameters „Spieldauer“.

III.3.4 Office-Setting: Die Spieldauer

Während bei den klassischen LDLs die Zeit für die gehaltene Vorlesung und die Videolänge in der Regel nahezu identisch sind und diese oft bis zu 90 Minuten lang sein können, sind Videos, die im Office-Setting angefertigt werden, erheblich kürzer und überschreiten nur in besonderen Fällen eine Länge von 15 Minuten.

Besonders kurz sind die kompakten „Micro-Teaching“-Videos, die selten länger als sechs Minuten sind. Typische Varianten solcher Lehrvideos liefern einfache Erklärungen oder Musterlösungen, es werden Aufgabenstellungen erläutert oder Sachverhalte demonstriert – allesamt Methoden, die traditionell zumeist in Form einfacher Texte oder mündlich realisiert werden oder als Teil einer komplexeren Vermittlungsform (z.B. einer Präsentation) als Kombination von Tafelanschrieb/Folie und Erklärung geliefert werden. Anstelle eines einfachen Handouts mit einem mehr oder weniger kurzen Erklärtext oder einer Folie kann ein kurzes Video mit der entsprechenden Gestik oder Mimik des Sprechers auf Grund seiner Kompaktheit durchaus von Vorteil sein.

Tab. III.3: Micro-Lecture im Office-Setting

Klassisches Äquivalent	Text, Teil einer Präsentation
Dauer	bis zu sechs Minuten
Nutzungsart	Aufgabenstellung, Musterlösungen, Glossareinträge
Inhalt	kompaktes, inhaltlich geschlossenes Thema
Mehrwert	Ausführlichkeit im Vergleich zum Text, Integration von inhaltlich relevanten Gesten, Herauslösung von Inhalten aus dem Präsenzgeschehen

Abbildung III.8 zeigt Ausschnitte aus zwei Micro-Teaching-Videos im Office-Setting, in denen kurze Aufgabenstellungen bzw. Erklärungen präsentiert werden.

Video	Beschreibung
	Micro-Lecture Micro-Teaching/Office Setting kurze Aufgabenstellung Länge 1:24 Quelle: V0 Kennung: *hand_body_relation*
	Micro-Lecture Micro-Teaching/Office Setting kurze Kurserklärung Länge: 3:36 Quelle: V3

Abb. III.8: Micro-Teaching Videos im Office-Setting

Da Micro-Teaching-Videos selten länger als sechs Minuten dauern, darf gemäß der bereits erwähnten Guo et al.-Studie (2014) vermutet werden, dass Nutzungsdauer und Spieldauer des Videos nahezu identisch sind. In der Tat werden in unserem YouTube-Videokanal

„The Virtual Linguistics Campus" die kurzen, maximal zweiminü-tigen Micro-Lectures themenunabhängig nahezu vollständig ange-schaut (Nutzungsdauer: 98%). Somit sind Micro-Teaching-Videos im Office Setting ein wichtiges Videoformat für die Digitalisierung der Hochschullehre.

Doch allein mit zweiminütigen Videos zu lehren, erscheint aus fä-cherübergreifender Sicht eher fragwürdig. Während in den Natur-wissenschaften kurze und kompakte Themen an der Tagesordnung sind und somit Lehrvideos zu mathematischen Gleichungen, phy-sikalischen Phänomenen oder Problemen aus der Chemie, um nur einige zu nennen, durchaus im „Micro-Format" von bis zu sechs Minuten produziert werden können, ist das in den geisteswissen-schaftlichen Fächern nahezu unmöglich. Zwar gibt es auch hier In-halte, die in kurze Lehrvideos überführt werden können, man denke nur an die Erläuterung kurzer Gedichte in der Literaturwissenschaft oder kurze Videos, mit denen sich ein Videoglossar aufbauen lässt. Die komplexeren Themen allerdings bedürfen eines ausgedehnte-ren Formats, den „Macro-Teaching"-Videos, die ebenfalls im Office Setting erzeugt werden können, je nach Thema und Anforderung allerdings auch das „Studio-Setting"-Format erfordern.

Die so erzeugten Lehrvideos bezeichnet man als „Electronic Lec-tures" oder kurz „E-Lectures". Dabei handelt es sich um inhaltlich geschlossene und kompakte Präsentationen von bis zu 20 Minuten Spieldauer vor einem imaginären Publikum (Demtriadis/Pombort-sis, 2007:147).

Video	Beschreibung
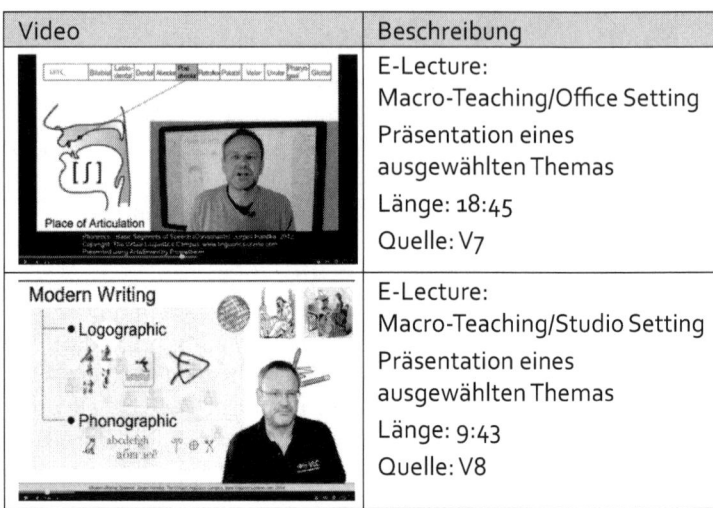	E-Lecture: Macro-Teaching/Office Setting Präsentation eines ausgewählten Themas Länge: 18:45 Quelle: V7
	E-Lecture: Macro-Teaching/Studio Setting Präsentation eines ausgewählten Themas Länge: 9:43 Quelle: V8

Abb. III.9: E-Lectures

Grundlagen einer E-Lecture sind ein vorab erzeugtes und gut durchgeplantes Skript sowie eine vorher erstellte Präsentation, die während der Aufzeichnung die mündlichen Erklärungen des Präsentierenden unterstützt. Das Lehrvideo selbst wird zwar live aufgezeichnet, je nach Anspruch an die Qualität werden allerdings misslungene Passagen wiederholt und zusammen mit Versprechern im Rahmen der Nachbearbeitung herausgeschnitten. Der Produktionsaufwand von E-Lectures ist somit relativ hoch, das Ergebnis allerdings ist eine kompakte Präsentation, die in einem Echtzeit-Szenario wesentlich länger wäre.

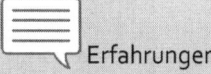
Erfahrungen

Seit Anfang 2012 habe ich mich dazu entschieden, inhaltsvermittelnde E-Lectures zunächst im „Office"-Setting aufzunehmen. Dazu habe ich anfänglich in der vorlesungsfreien Zeit einen Seminarraum gebucht und dort ohne Publikum meinen Unterricht häppchenweise aufgezeichnet. Allerdings gab es zwei Probleme bei dieser Methode: Zum einen war jeweils eine nicht unerhebliche Auf- bzw. Abbauphase einzuplanen, zum anderen gab es Beleuchtungsprobleme (die Aufzeichnungen wurden vor einem interaktiven Whiteboard gemacht, das mit seiner Helligkeit den Vordergrund überstrahlt).

Aus diesem Grund habe ich mich Mitte 2012 für das „Studio-Setting" entschieden und mein Büro, das glücklicherweise ausreichend groß ist, so umgestaltet, dass jederzeit Videoaufnahmen möglich sind. Neben einem ActivBoard der Firma Promethean wurde eine Beleuchtungsanlage aufgestellt, zusätzlich wurde die entsprechende Audio-, Video- und Computertechnik installiert.

Mittlerweile ist mein Büro weniger ein Besprechungsraum als ein hochspezialisiertes Videostudio.

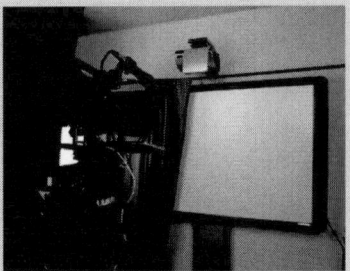

Beleuchtung, Greenscreen, Interactive Whiteboard, PC, Audio-Mischpult, Kamera mit Teleprompter, diverse Mikrofone [Q1]

Trotz ihrer Kompaktheit und ihrer Spieldauer von selten mehr als 15 Minuten werden die im YouTube-Kanal „The Virtual Linguistics Campus" angebotenen E-Lectures zwar auch nicht vollständig, aber immerhin im Mittel zu ca. 60% angesehen. Wenn auch nicht alle der täglich ca. 3.000 Nutzer unserer Lehrvideos die Videos als

Teil von Lehrveranstaltungen nutzen, so scheint der Wunsch nach Kompaktheit und Kürze offenbar eine zentrale Variable im Nutzerverhalten zu sein und sollte beim Einsatz von Videos in der Hochschullehre stets berücksichtigt werden.

Wir können also als Resümee dieses Abschnitts festhalten: Lehrvideos im Office-Setting (bisweilen auch im Studio-Setting) sind wichtige Eckpfeiler der digitalisierten Hochschullehre, wobei „Micro-Teaching"-Videos speziell für kurze, glossarähnliche Beiträge in Frage kommen, während „Macro-Teaching"-Videos als E-Lectures idealerweise die Basis für die Inhaltsvermittlung bilden.

Ein gutes Beispiel für ein solches Gesamtpaket bildet die in Abbildung I.8 (S. 35) gezeigte Playlist „X-Bar Syntax", die aus vier jeweils ca. 15-minütigen E-Lectures und sieben Micro-Lectures besteht. Die E-Lectures wurden im Studio-Setting, die Micro-Lectures im Office-Setting erzeugt. Die Qualität der gesamten Playlist wird von Nutzern mittlerweile auf eine Stufe mit der inhaltlich ähnlich gelagerten Vorlesung der „University of Cambridge" gestellt:

> „Hi Virtual Linguistics Campus, I have to say I really enjoy your lectures on X' theory and constituent structure; they are really clear and helpful and as good my Cambridge lectures! " (Kommentar eines Studenten der „University of Cambridge")

III.4 Fazit – eine Videoklassifikation

Mit einer leicht modifizierten Terminologie, bei der die Gleichsetzung von Vorlesungsaufzeichnung (LDL) mit „E-Lecture" aufgehoben und gemäß Demetriadis/Pombortsis (2007) differenziert wird, lassen sich anhand der Spieldauer eines Videos und des Settings durchaus klare Unterscheidungen treffen. Tabelle III.3 fasst diese Unterschiede zusammen.

Tab. III.3: Inhaltsvermittelnde Lehrvideos – eine Taxonomie, [INT1]

Form	Setting	Spieldauer
Live-Digitized-Lecture (LDL)	Classroom	= Echtzeit
E-Lecture	Office oder Studio	bis zu 20 Minuten
Micro-Lecture	Office	<= sechs Minuten
Documentary (Lehrfilm)	Studio	nicht festgelegt

Dabei ist eine LDL nach unserem Verständnis typischerweise eine „live" vor Publikum aufgezeichnete Vorlesung (nach Demetriadis/ Pombortsis (2007) „in vivo"), während eine E-Lecture entweder im Office-Setting oder in einem speziell eingerichteten Studio ohne Publikum aufgezeichnet wird (nach Demetriadis/Pombortsis (2007) „in vitro").

Eine spezielle Variante von Lehrvideos ist die „Micro-Lecture", bei der ein in sich geschlossener Sachverhalt kurz und knapp erläutert wird [INT4].

Bei Lehrfilmen werden die verschiedenen Komponenten in einem Studio zusammengeführt, wobei hier auch Office-Anteile integriert werden können. Alle drei Varianten kombinieren in der Regel Kameraaufnahmen mit Screencasts, so dass dieser Parameter bei der Klassifikation von Videos keine Rolle mehr spielt.

Für die Digitalisierung der Inhalte einer Lehrveranstaltung heißt das: Eine weitreichende Digitalisierung ist primär mit Videos zu erreichen, die hauptsächlich im Office-Setting hergestellt werden und je nach thematischer Anforderung im Micro- oder Macro-Format realisiert werden. Bei letzterer Variante sollte nach eigener Erfahrung eine Spieldauer von zwanzig Minuten nicht überschritten werden.

Wie bereits erwähnt sollte unsere dritte These (S. 13) aber nie vergessen werden: *Learning is not just Video*". Sie gilt mehr denn je, und sollte nach den Ausführungen in den vergangenen Abschnitten sogar noch wie folgt erweitert werden:

Empfehlung 2 (erweitert)

Learning is not just Video, let alone any Video!
(dt. *Lernen besteht nicht nur aus Videoschauen, schon gar nicht aus dem Anschauen x-beliebiger Videos*)

Mit anderen Worten, unabhängig von der Machart unserer Videos gilt: Mit Videos allein geht es nicht, schon gar nicht mit Videos, die ausschließlich im Classroom-Setting produziert wurden!

Doch auch mit speziell für das Lernen angefertigten Lehrvideos, z.B. mit thematisch eng umrissenen E-Lectures oder mit kompakten Micro-Lectures allein funktioniert es nicht. Genauso wie in der klassischen Lehre benötigen wir zusätzliche Materialien und Verfahren zur Inhaltserschließung bzw. zur Sicherstellung der Durchdringung der digitalen Inhalte. Von diesen Materialien und Elementen, die natürlich in digitalen Formaten bereitgehalten werden, soll im folgenden Abschnitt die Rede sein.

III.5 Weitere digitale Elemente

In Abschnitt II.2 hatten wir ja bereits zahlreiche begleitende Lehr- und Lernmaterialien spezifiziert. Dabei handelt es sich um Übungsblätter, Hausaufgaben, kleine Tests und, nicht zu vergessen, um die entsprechende wissenschaftliche Lektüre.

In digitalen Lehr- und Lernarrangements bieten sich elektronische Tests an, die eng mit den Inhalten verknüpft sind und vor, während oder auch nach dem Lehrvideo eingesetzt werden können (siehe Handke/Schäfer, 2012:150ff.).

Bei Lehrveranstaltungen ohne Präsenzphasen, bei denen man als Lehrender die Teilnehmer nicht zu Gesicht bekommt und damit der Möglichkeit beraubt wird, persönliche Gespräche zu führen, empfiehlt sich zusätzlich ein Forum, das mit der jeweiligen Lehrveranstaltung gekoppelt wird.

Als besonders effektiv haben sich im *Virtual Linguistics Campus* die mit den digitalen Inhalten verknüpften bis zu zehn Leitfragen pro Lerneinheit erwiesen, mit denen sich Lernende durch die Inhalte navigieren können. Diese sind als Webseiten gestaltet und enthalten direkte Links in die Inhalte der Lerneinheit, seit kurzem auch Verweise in zeitlich festgelegte Abschnitte von Lehrvideos (siehe Abbildung IV.14, S. 110).[28]

Zusätzliche Übungsaufgaben, ebenfalls im digitalen Format, d.h. als Webseite oder auch im PDF-Format, können für eine Vertiefung der Inhalte bzw. für eine intensivere Auseinandersetzung mit den Inhalten sorgen.

Weitere Möglichkeiten sind Szenarien, in denen sich die Lerner selbst organisieren, z.b. Lernertagebücher, in denen Lernende ihre eigenen Lern(fort)schritte und Probleme festhalten oder Lernergruppen, die sich in Form von Web-Konferenzen oder über die sozialen Netzwerke bilden.

Und eines sollte nie vergessen werden: Auch im digitalen Zeitalter wird noch gelesen. Daher sollten je nach Thema inhaltsbegleitende oder in manchen Fällen auch einführende Texte – natürlich im digitalen Format und unter Beachtung der geltenden Copyright-Bestimmungen – als zusätzliche Lektüre bereitgestellt werden.

In Analogie zur klassischen Lerneinheit (Abbildung II.6 auf S. 55) lässt sich das digitale Pendant wie in Abbildung III.10 gezeigt darstellen.

---

[28]   In Abschnitt IV.1.3 wird diese Zusatzkomponente für digitale Lehr- und Lernarrangements im Detail vorgestellt.

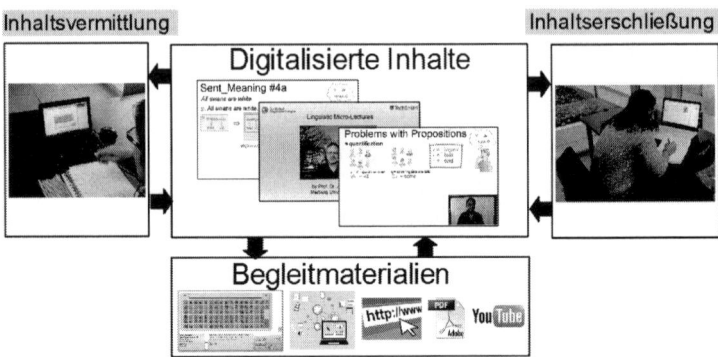

Abb. III.10: Die digitalisierte Lerneinheit – zentrale Elemente und Aktivitäten

Um all die benötigten digitalen Elemente und Szenarien in geeigneter Form zur Nutzung auf allen möglichen Endgeräten und Betriebssystemen verfügbar zu machen, bedarf es einer gut funktionierenden Internet-Plattform, über die sowohl die Inhalte als auch die begleitenden Maßnahmen in sinnvoller Weise verzahnt werden können. Darüber hinaus lassen sich Lehr- und Lernelemente in neue interaktive E-Book-Formate übertragen, sodass die Studierenden nicht nur Texte lesen und durchstöbern können, sondern die Inhalte einer Lerneinheit in sequentieller Form mit zusätzlichen Optionen (interaktive Grafiken, integrierte Videos, Markierungsfunktion, Kommentarfunktion etc.) abrufen können.[29]

III.6 Ausblick

Zur Integration der beschriebenen digitalen Materialien in die eigene Lehre gibt es zwei Möglichkeiten. Entweder man erzeugt die benötigten Materialien selbst oder man nutzt die im Internet frei verfügbaren Materialien von dritter Seite. Bedingt durch die immer größer werdende Menge gut gemachter Lehrvideos bietet sich aber auch für die Produzenten von Lehrvideos eine Kombination ihrer

---

[29]   Mittlerweile gibt es spezielle Autorensysteme zur Übertragung von Texten im PDF-Format in interaktive Arrangements, die verschiedene mediale Elemente miteinander verknüpfen, siehe z.B. „Young Digital Planet", http://www.ydp.eu.

eigenen Materialien mit denen von dritter Seite an. Man behält somit die auf S. 41 im Kontext traditioneller Lehrszenarien definierte Rolle des „Re-Mixers" vorhandener Lehrmaterialien, ob es eigene sind oder nicht.

IV Die digitalisierte Lehre

Nach dem Ausflug in die Grundlagen der Digitalisierung in Kapitel III soll nun die in Abschnitt II.1 vorgestellte Lerneinheit mit ihren verschiedenen Bestandteilen sukzessive in ein digitales Format überführt werden – immer vorausgesetzt, es entsteht der in den Tabellen in Kapitel III beschriebene Mehrwert, und wir können ein Lehr-/Lernszenario schaffen, das den Bedürfnissen und Lebensumständen der heutigen Studierenden gerecht wird.

Grundvoraussetzung für die Überführung einer klassischen Lerneinheit in ein digitales Format ist ein klares *„didaktisches Konzept für die gesamte Veranstaltung"* (Waldherr/Walter, 2014:124/125). Dabei sind u.a. folgende Fragen zu lösen:

• Welche Teile der klassischen Lerneinheit lassen sich digitalisieren?
• Welche Verfahren der Digitalisierung sind anzuwenden?

Hinzu kommen Fragen nach dem Aufwand für die Erstellung und Wartung der digitalen Lehr- und Lernelemente. Mit den Ausführungen in Abschnitt II.1 (S. 40ff) sind dazu die entsprechenden Vorgaben gemacht worden, die unseren Handlungsrahmen für die Digitalisierung definieren.

Am Ende des Transformationsprozesses steht eine vollständig digitalisierte Lerneinheit mit Textmaterial, interaktiven Grafiken und Diagrammen, im Office-Setting erstellten E-Lectures, mit zusätzlichem Übungsmaterial und videobasierten Musterlösungen, sowie einer E-Assessment-Komponente. Zugegeben: ein hoher Aufwand, der sich allerdings lohnt.

Grundsätzlich gibt es für die Zusammenstellung solcher digitaler Lerneinheiten zwei Möglichkeiten: Entweder wir erzeugen die benötigten Materialien komplett selbst, oder wir greifen punktuell oder vollständig auf vorhandenes digitales Lehr-/Lernmaterial zurück, so wie wir das seit Jahrzehnten mit der Verwendung von Lehrbüchern praktiziert haben. Wie wir in Abschnitt I.3 gesehen haben, stehen mittlerweile zahlreiche Materialien unter dem „OER"-Label zur freien Nutzung zur Verfügung, sodass viele Themenbereiche bereits heute bis zu einem gewissen Grad ‚digitalisierbar' sind. Da die überwältigende Mehrheit von Hochschuldozenten allein schon aus Zeitgründen kaum in der Lage sein wird, die benötigten digitalen Materialien selbst zu erstellen, soll in diesem Kapitel zunächst gezeigt werden, wie der Einstieg in die Digitalisierung mit derartigem „Fremdmaterial" gelingen kann.

Idealerweise benötigen wir wie bereits erwähnt eine Reihe von Lehrvideos, flankiert von digitalen Quizzes zur Überprüfung des behandelten Stoffes, dazu weitere digitale Materialien, wie interaktive Übungsblätter, Leitfragen, Präsentationsfolien – allesamt Elemente, die zusammengenommen das orts- und zeitunabhängige Selbststudium ermöglichen.

Wir benötigen also nicht nur digitalisierte Inhalte, sondern ein zusätzliches Arsenal digitaler Elemente, mit dem die Inhalte vermittelt und erschlossen werden können.

Ziel der folgenden Ausführungen ist es nun, Wege aufzuzeigen, wie ein solcher Mix an digitalen Materialien zusammengestellt werden kann.

IV.1 Die digitalisierte Lerneinheit

Ausgangspunkt für die Überführung einer klassischen Lerneinheit in ein derartiges Format sind die Ausführungen zur Lerneinheit „Predicates" in Abschnitt II.1.

IV.1.1 Das inhaltliche Gerüst

Im digitalen Zeitalter ist die bibliothekgestützte Recherche mittlerweile vollständig von einer digitalen Recherche abgelöst worden, z.b. durch die Zuhilfenahme der Suchmaschine Google.[30]

Eine digitale Recherche ist zudem nicht nur wesentlich komfortabler und schneller (vgl. Handke, 2014a:56), sondern liefert auch ein wesentlich breiteres Ergebnis. Darüber hinaus ist eine solche Recherche nicht mehr auf die ‚Recherche-Expertise' des Lehrenden beschränkt, sondern sie ist auch jedem Kursteilnehmer möglich. Somit kann es vorkommen, dass die Lernenden bisweilen bessere Recherche-Ergebnisse zutage fördern als ihre Lehrenden.

Neben Suchmaschinen wie Google oder Yahoo gibt es spezielle Portale für offene Bildungsmedien (OER), mit denen insbesondere die Suche nach begleitenden Lehrmaterialien unterstützt werden kann. Tabelle IV.1 gibt eine Übersicht über derartige Portale.

Tab. IV.1: Portale für offene Bildungsmedien, eine Auswahl

Bezeichnung	URL	Art
ELIXIER	http://www.bildungsserver.de/elixier/	Diverse
flickr	http://flickr.com	Bilder
Google Bildersuche	http://google.de	Bilder
OERCommons	http://oercommons.org/	Diverse
Open Clipart	http://openclipart.org	Bilder
Scribd.	http://scribd.com	Präsentationen
Slideshare	http://slideshare.net	Präsentationen
Soundcloud	http://soundcloud.com	Audio
Wikimedia	http://commons.wikimedia.org	Bilder
YouTube	http://commons.wikimedia.org	Videos
ZUM-Wiki	http://wikis.zum.de	Diverse

---

[30]   Als ‚sichtbares' Zeichen dieser Art von Informationsbeschaffung befinden sich heute in den Büros der Hochschullehrer zumeist weniger Bücher als noch vor einigen Jahren, stattdessen aber eine Vielzahl elektronischer Geräte zur Bearbeitung digitaler Informationen.

Den Einstieg in eine Suche nach Lehrmaterialien wird man in den meisten Fällen allerdings über die Suchmaschine Google vornehmen, mit deren Hilfe man bereits über einfache Suchbegriffe zahlreiche nützliche (aber auch weniger hilfreiche) Vorschläge erhält.

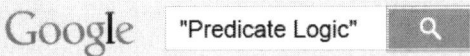

Die Auflistung in Abbildung IV.1 zeigt einige der für den Suchbegriff „Predicate Logic" in englischer Sprache erzielbaren Ergebnisse (die Eingabe „Predicate" wäre zu allgemein, da dann auch die syntaktische Funktion des Prädikats mit einbezogen wäre).

Predicate logic - Wikipedia, the free encyclopedia
en.wikipedia.org/wiki/Predicate_logic ▾ Diese Seite übersetzen
In mathematical logic, predicate logic is the generic term for symbolic formal systems like first-order logic, second-order logic, many-sorted logic, or infinitary logic ...

First-order logic - Wikipedia, the free encyclopedia
en.wikipedia.org/wiki/First-order_logic ▾ Diese Seite übersetzen
First-order logic is a formal system used in mathematics, philosophy, linguistics, and computer science. It is also known as first-order predicate calculus, the ...

Predicate (mathematical logic) - Wikipedia, the free ...
en.wikipedia.org/.../Predicate_(mathematical_logic) ▾ Diese Seite übersetzen
In mathematics, a predicate is commonly understood to be a Boolean-valued function P: X→ {true, false}, called the predicate on X. However, predicates have ...

[PDF] **14 Predicate Logic - The Stanford University InfoLab**
infolab.stanford.edu/~ullman/focs/ch14.pdf ▾ Diese Seite übersetzen
predicate logic is expressive enough to form the basis of a number of useful ... the development of predicate logic parallels that of propositional logic in Chapter.

Introduction to Predicate Logic
www.cs.odu.edu/.../logic/...logic/intr_to_pred_.... ▾ Diese Seite übersetzen
Introduction to Predicate Logic. The propositional logic is not powerful enough to represent all types of assertions that are used in computer science and ...

Abb. IV.1: Die ersten 5 Ergebnisse einer Google-Suche, Suchbegriff: „Predicate Logic"; Suche am 10.10.2014

Suchergebnisse dieser Art können nun verwendet werden, um z.b. über Wikipedia, das am höchsten eingestufte Suchergebnis, weitere Internet-Referenzen aufzurufen und dort oder über andere Verweise an weiterführende Materialien zu gelangen.

Die grundlegende Recherche über eine Suchmaschine lässt sich durch die Suche nach geeigneten Videomaterialien, z.b. über You-Tube, ergänzen.

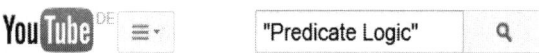

Abbildung IV.2 zeigt die ersten fünf von ca. 5000 (!!) Ergebnissen einer solchen Suche nach Videomaterialien.

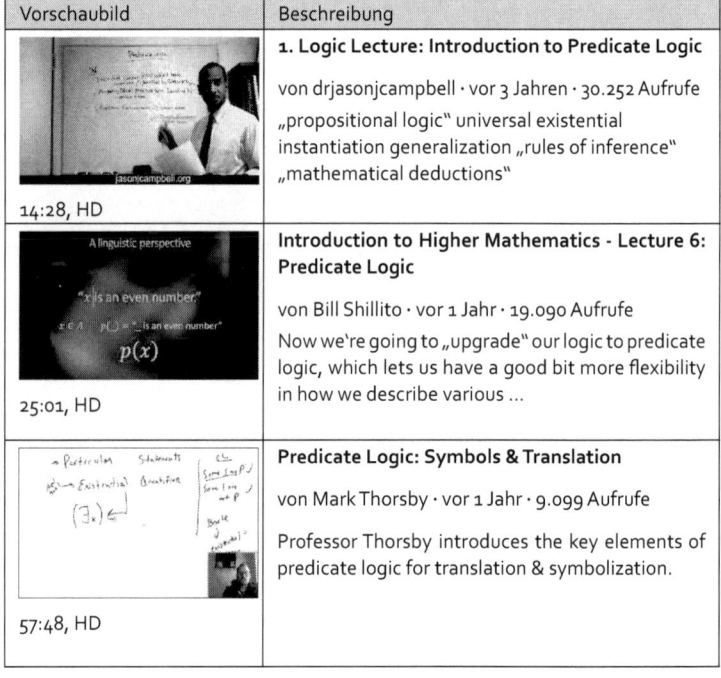

Vorschaubild	Beschreibung
14:28, HD	**1. Logic Lecture: Introduction to Predicate Logic** von drjasonjcampbell · vor 3 Jahren · 30.252 Aufrufe „propositional logic" universal existential instantiation generalization „rules of inference" „mathematical deductions"
25:01, HD	**Introduction to Higher Mathematics - Lecture 6: Predicate Logic** von Bill Shillito · vor 1 Jahr · 19.090 Aufrufe Now we're going to „upgrade" our logic to predicate logic, which lets us have a good bit more flexibility in how we describe various …
57:48, HD	**Predicate Logic: Symbols & Translation** von Mark Thorsby · vor 1 Jahr · 9.099 Aufrufe Professor Thorsby introduces the key elements of predicate logic for translation & symbolization.

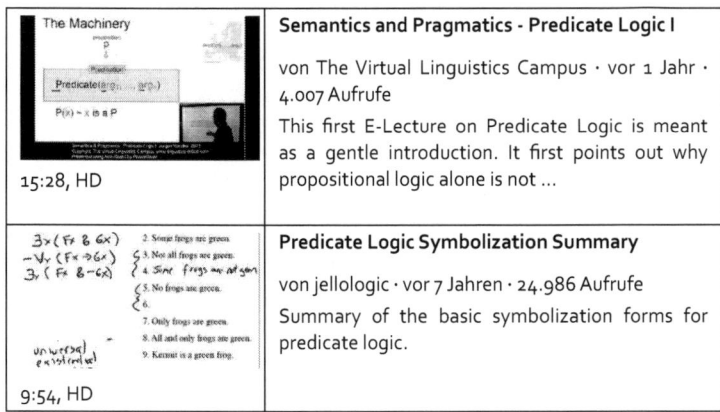

The Machinery	Semantics and Pragmatics - Predicate Logic I
15:28, HD	von The Virtual Linguistics Campus · vor 1 Jahr · 4.007 Aufrufe This first E-Lecture on Predicate Logic is meant as a gentle introduction. It first points out why propositional logic alone is not ...
9:54, HD	**Predicate Logic Symbolization Summary** von jellologic · vor 7 Jahren · 24.986 Aufrufe Summary of the basic symbolization forms for predicate logic.

Abb. IV.2: Die ersten 5 Ergebnisse einer YouTube-Suche, Suchbegriff: "Predicate Logic"; Suche am 10.10.2014

Bei näherer Betrachtung der Suchergebnisse in Abbildung IV.2 wird klar, dass eine Eingrenzung der Suche erforderlich ist, da sich die meisten der vorgeschlagenen Videos nicht auf die Linguistik, sondern auf die Mathematik bzw. die allgemeine Logik beziehen.[31]

Durch eine Eingrenzung der Suche auf die mit ‚und‘ verknüpften Suchbegriffe „Predicate Logic" & „Linguistics" schrumpft die Zahl der Ergebnisse auf ca. 500.

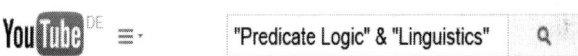

Abbildung IV.3 stellt die ersten fünf Ergebnisse dieser eingegrenzten Suche dar.

---

[31] Bei einer klassischen Bibliotheksrecherche wurden solche ‚Fehlergebnisse‘ dadurch vermieden, dass man die entsprechenden Bereiche bzw. Regale aufsuchte oder explizit mied, dadurch aber auch bisweilen um interdisziplinäre Verweise und Einsichten gebracht wurde.

Vorschaubild	Beschreibung
The Machinery Predicate(arg... arg...) P(x) ~ x is a P 15:28, HD	**Semantics and Pragmatics - Predicate Logic I** von The Virtual Linguistics Campus · vor 1 Jahr · 4.007 Aufrufe This first E-Lecture on Predicate Logic is meant as a gentle introduction. It first points out why propositional logic alone is not ...
Quantifiers ∀x ∃x ¬x 17:13, HD	**Semantics and Pragmatics - Predicate Logic II** von The Virtual Linguistics Campus · vor 1 Jahr · 3.403 Aufrufe This E-Lecture builds upon Predicate Logic I and discusses the main principles of quantification. Prof. Handke explains how to ...
2:47	**cognitive linguistics vs. predicate logic** von pyrrho314 · vor 7 Jahren · 6.533 Aufrufe philosophy of cognition is more important than formal logic in this question because you have pressed logic into conclusions ...
2:37	**Re: cognitive linguistics vs. predicate logic** von Maisha McIntyre · vor 7 Jahren · 2.081 Aufrufe Just some [sic] thoughs.
Linguistic Micro-Lectures What is a Predicate? by Prof. Dr. Jürgen Handke Marburg University, Germany 2:01, HD	**Linguistic Micro-Lectures: Predications and Predicates** von The Virtual Linguistics Campus · vor 2 Monaten · 581 Aufrufe What are predicates and in what way are they related to predications? Within less than two minutes Prof. Handke explains the central machinery of predicate logic.

Abb. IV.3: Die ersten 5 Ergebnisse einer YouTube-Suche, Suchbegriff:
„Predicate Logic & Linguistics"; Suche am 10.10.2014

Weitere Eingrenzungsmöglichkeiten sind durch die Anwendung von Filtern auf Suchergebnisse möglich, wie z.B. des Filters „Bewertung" (Anzahl der positiven Bewertungen) oder des Filters „Anzahl der Aufrufe".

Abbildung IV.4 zeigt den Zustand von YouTube vor der Auswahl von Suchfiltern.

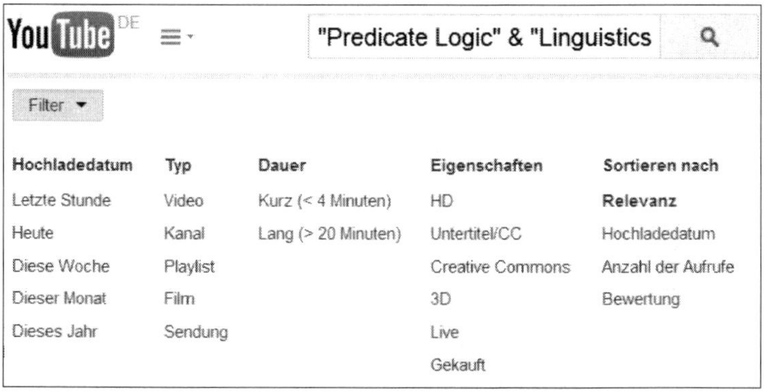

You Tube DE ≡ ▾   "Predicate Logic" & "Linguistics"   🔍

Filter ▾

Hochladedatum	Typ	Dauer	Eigenschaften	Sortieren nach
Letzte Stunde	Video	Kurz (< 4 Minuten)	HD	Relevanz
Heute	Kanal	Lang (> 20 Minuten)	Untertitel/CC	Hochladedatum
Diese Woche	Playlist		Creative Commons	Anzahl der Aufrufe
Dieser Monat	Film		3D	Bewertung
Dieses Jahr	Sendung		Live	
			Gekauft	

Abb. IV.4: Filter für die Suche nach Videos in YouTube

So lässt sich mit dem Suchfilter „Bewertung" die Menge der Ergebnisse auf weniger als 20 reduzieren, in denen die in Abbildung IV.3 gezeigten Videos allerdings in nahezu der gleichen Reihenfolge als Top 5 angeboten werden.

Mit diesem Ergebnis können wir nun über die Relevanz des Videos für die eigene Lerneinheit entscheiden. Dabei spielen die folgenden Parameter eine Rolle:

- Kanalinhaber
- Videoproduzent (Privatperson, Universität)
- Produktionsdatum
- Kommentare zum Video
- Länge des Videos
- Bewertungen des Videos
- Aufrufe des Videos
- etc.

So wird ein Video wie das in Abbildung IV.3 aufgelistete „Re: cognitive linguistics vs. predicate logic", das in 7 Jahren gerade einmal ca.
2.000 Mal aufgerufen wurde, allein schon aufgrund dieser geringen
Zugriffsraten kaum für eine Verwendung in der Hochschullehre in
Frage kommen. Und auch das an dritter Stelle aufgeführte Video
„cognitive linguistics vs. predicate logic" ist ungeeignet, da es bei
näherer Betrachtung lediglich anekdotische und für die Lehre unge-
eignete Informationen liefert.

Neben den über einfache Suchoptionen verfügbaren Angeboten
gibt es mittlerweile spezielle Angebote, die zum einen in kompletter
Kursform, zum anderen über spezielle Videokanäle bzw. thematisch
zusammengestellte Video-Playlists abrufbar sind.

Bei den Kursen handelt es sich um sogenannte xMOOCs (siehe
Handke/Franke, 2013), d.h. um frei zugängliche Online-Kurse, die
– je nach Qualität – die gewünschten Materialien (Texte, Videos,
Quizfragen) frei als „Open Educational Resources" zur Nutzung
bereitstellen. Zwar sind die Zugangszeiträume zu solchen Kursen
beschränkt und man muss sich in den jeweiligen Kursen anmelden,
dennoch ist in vielen Fällen davon auszugehen, dass zumindest ausgewählte Teile der MOOC-Materialien im Internet auffindbar sind.

MOOCs können, wie in Abbildung IV.5 dargestellt, über spezielle
Portale, z.B. mooc-list.com, gefunden werden.

Plattform	MOOC-Titel
coursera	**Predicate Logic | MOOC List** This is an introduction to predicate logic and how it is applied in computer science, electronic engineering, linguistics, mathematics and philosophy. Building on … www.mooc-list.com/tags/predicate-logic
Future Learn	**Electronic Engineering | MOOC List** This is an introduction to predicate logic and how it is applied in computer science, electronic engineering, linguistics, mathematics and philosophy. Building on … www.mooc-list.com/tags/electronic-engineering

Abb. IV.5: MOOC zum Thema Logic, Aufruf über mooc-list.com

So sind z.b. bei der amerikanischen MOOC-Plattform „Coursera"
derzeit zwei MOOCs zum Thema „Prädikatenlogik" im Angebot.
Abbildung IV.6 spezifiziert die Inhalte dieser Kurse näher.

Anbieter	Kursinhalt
THE UNIVERSITY OF MELBOURNE	**Logic: Language and Information 1** This is an introduction to formal logic and how it is applied in computer science, electronic engineering, linguistics and philosophy. You will learn propositional logic—its language, interpretations and proofs, and apply it to solve problems in a wide range of disciplines.
THE UNIVERSITY OF MELBOURNE	**Logic: Language and Information 2** This is an introduction to predicate logic and how it is applied in computer science, electronic engineering, linguistics, mathematics and philosophy. Building on your knowledge of propositional logic, you will learn predicate logic—its language, interpretations and proofs, and apply it to solve problems in a wide range of disciplines.

Abb. IV.6: Coursera-MOOCs zum Thema „Logic"

Das Problem bei solchen Kursen ist allerdings die oft übertriebene
Werbung für ein Produkt, das selten hält, was es verspricht. Dazu
kommt, dass die MOOC-Materialien, also auch die Videos, oft
nicht frei verfügbar sind und sich somit als Fremdmaterialien für
die eigene Lehre nicht eignen.

Alternativ lassen sich MOOCs auch über YouTube finden, vorausgesetzt, die im MOOC verwendeten Videomaterialien sind entweder einzeln oder im Rahmen von Playlists abrufbar. Abbildung IV.7
zeigt das Suchergebnis für den Suchbegriff „Semantics".

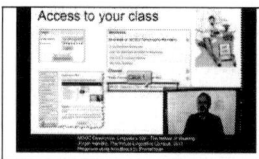 **MOOC 103 - The Nature of Meaning**
von The Virtual Linguistics Campus · 17 Videos
· 2.334 Aufrufe · 4 Stunden
...
Gesamte Playlist ansehen (17 Videos)

Abb. IV.7: Playlist zum VLC-MOOC 103 – The Nature of Meaning

Es gibt aber noch weitere Möglichkeiten.

So bietet YouTube seit einiger Zeit den Service sogenannter The-men-Kanäle an. Dabei handelt es sich um inhaltlich gebündelte Video-Kanäle, die von YouTube automatisch generiert werden und Videos zu speziellen Themen anhand der Popularität (Nutzerzah-len, Bewertungen) enthalten. Abbildung IV.8 zeigt den Themen-Kanal „Semantik" und die dort enthaltenen Top 4 Videos zu jeweils zwei internen Themenbereichen.

Empfohlenes Video	Details
	**Semantics and Pragmatics – Semantics an Overview** von The Virtual Linguistics Campus 13.906 Aufrufe · vor 1 Jahr · 16:35
	**What is meaning? Semantics, semiotics, logic & the meaning of words** von NativLang 14.949 Aufrufe · vor 1 Jahr · 6:42
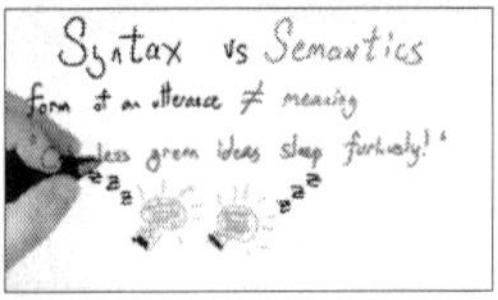	**Syntax Vs Semantics – CS262 Unit 5 – Udacity** von Udacity 4.306 Aufrufe · vor 2 Jahren · 2:34
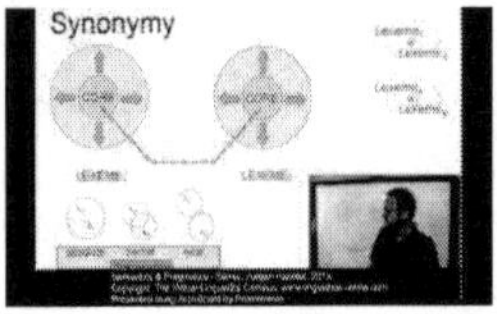	**Semantics and Pragmatics - Sense** von The Virtual Linguistics Campus 8.056 Aufrufe · vor 1 Jahr · 20:09

Abb. IV.8: Der Themen-Kanal „Semantik" in YouTube, Aufruf „Semantics Topic"; Rubrik: Most Popular „Semantics Videos"; Suche am 10.10.2014

Zusammenfassend lässt sich konstatieren, dass schon mit wenig Aufwand Ergebnisse zutage gefördert werden können, die weit über das hinausgehen, was früher mit einer bibliothekgestützten Recher-che realisiert werden konnte. Es ist heute möglich, aus frei verfüg-baren Materialien einen Materialpool zusammenzustellen, der nicht

nur örtlich und zeitlich unabhängig zugänglich ist, sondern gegenüber der klassischen Lehre einen erheblichen Mehrwert bringt: Es
werden Sachverhalte dynamisch erklärt, Beispiele erläutert und bekannte Problemzonen rund um das Thema diskutiert.

Ein Beispiel für einen solchen Pool ist die „Lehrvideothek" der „Fakultät für Biologie und Psychologie" der Georg-August-Universität
Göttingen, in der – nach Themen sortiert – ca. 100 frei auf YouTube verfügbare Lehrvideos (zumeist E-Lectures oder Micro-Lectures)
den Studierenden zur Vertiefung angeboten werden [INT14]. Von
einer expliziten Einbettung in die Lehre ist auf der entsprechenden
Webseite allerdings (noch) nicht die Rede.

Abb. IV.9: Die Lehrvideothek Biologie/Psychologie der Uni Göttingen

Eines darf bei all diesen videogestützten Inhalten nicht vergessen werden: Die Inhalte werden durch eine weitaus höhere Zahl an Menschen beurteilt als zuvor, nämlich durch die ‚digital Community‘
(vgl. Handke et al., 2012), d.h. durch die zahlreichen Nutzer der
Materialien. Die VLC-Videos „Predicate Logic I und II", die ja Teil
der vorstehend aufgeführten Recherche-Ergebnisse sind, wurden
mittlerweile viele Tausend Mal angesehen und dabei auch bewertet.

Sie entziehen sich nicht mehr der Einsicht durch Dritte und sind damit transparent geworden: Sie erlauben die virtuelle Hospitation.

Tabelle IV.2 bietet einen Einblick in diese Art öffentlicher Bewertung.

Tab. IV.2: Die VLC-Videos zum Thema „Predicate Logic" (Zugriff am 31.1.15)

Video	Länge	Clicks	Likes	Dislikes	Comments
Predicate Logic I	15:28	5.501	56	0	8
Predicate Logic II	17:13	5.065	42	1	9

Dabei lassen sich zwei Arten von Kommentaren unterscheiden: Die schlichten Bewertungen, die – im positiven Fall – für den Kanalinhaber wichtig und motivierend sein können, und die konstruktiven Bemerkungen und Fragen zum Inhalt, die zur Qualität der Videoveröffentlichung beitragen. Doch auch „Dislikes" liefern Informationen. Bei zu vielen negativen Beurteilungen sollte die Qualität eines Videos in jedem Fall auf den Prüfstand gestellt werden.

Hier ist eine Auswahl der Kommentare zu den in Tabelle IV.2 gelisteten Lehrvideos:

Bewertungen:

- *Nicely made video*
- *Very useful and attractive representation, thank u*
- *Great! :-)*
- *Interesting and good representation, thanx for sharing*

Bemerkungen zum Inhalt:

- *Linguists have stolen some concepts from maths. Maths uses predicate logic as a base for most mathematical theories, because it „conserves" truth.*
- *Thank You for a very interesting E-Lecture! But may I ask a question. Is a quantifier always a subject presented by the noun phrase or verb phrase?*
- *At about 7:45, if you add Paul in the set, doesn't it render a sentence like: 'All the girls and Paul himself loves Paul'? in the sense that all the girls love Paul and Paul loves himself.*

Ein Problem sollte allerdings nicht unerwähnt bleiben: Während das Ergebnis der klassischen bibliotheksgestützten Recherche selten mehr als eine Handvoll brauchbarer Quellen zutage förderte, resultiert eine Internet-Recherche oft in einer Flut von Ergebnissen, die für einen Einzelnen kaum noch überschaubar ist.

Tipp

Lassen Sie sich bei Ihrer Suche nach geeigneten Materialien von der Community unterstützen: Stellen Sie Anfragen an Gruppen in sozialen Netzwerken, nutzen Sie die Rechercheergebnisse anderer und beziehen Sie Ihre Studenten, z.B. aus höheren Semestern mit in die Suche nach geeigneten Materialien ein. Und wer studentische Hilfskräfte in seinem Team hat, sollte sich ihrer Dienste auch im Bereich Themenrecherche versichern.

Schließlich gibt es noch eine weitere Möglichkeit.

Werden Sie Teilnehmer an frei zugänglichen, thematisch mit ihren Inhalten verwandten Online-Kursen. Schauen Sie sich die dort angebotenen Materialien nicht nur an, sondern nutzen Sie diese im Rahmen der geltenden Copyright-Regeln und lernen Sie von den videogestützten Beispielen in den ausgewählten Kursen durch virtuelle Hospitationen. Lernen Sie von den Kollegen in den Videos: im positiven wie im negativen Sinn.

IV.1.2 Zusammenstellen der Inhalte

Als Ergebnis der Recherche können wir nun die Lerneinheit „Predicates" als Mix aus Videos, Print- und zusätzlichen Materialien zusammenstellen. Diese Kombination von digitalisierten Lehr- und Lernmaterialien muss nun nicht mehr notwendigerweise Bestandteil unserer Lehre vor Ort sein. Mit alternativen Lehr- und Lernmodellen, wie z.B. dem „Inverted Classroom Model" lassen sich neue Szenarien für die Präsenzlehre entwickeln, die in entsprechenden Formaten einen erheblichen didaktischen Mehrwert besitzen können (siehe Abschnitt IV.2.6).

Abbildung IV.10 zeigt den relevanten Ausschnitt aus der digitalisierten Variante des Semesterplans, in dem die Lerneinheit „Predicates" mit ihren Bestandteilen hervorgehoben ist.

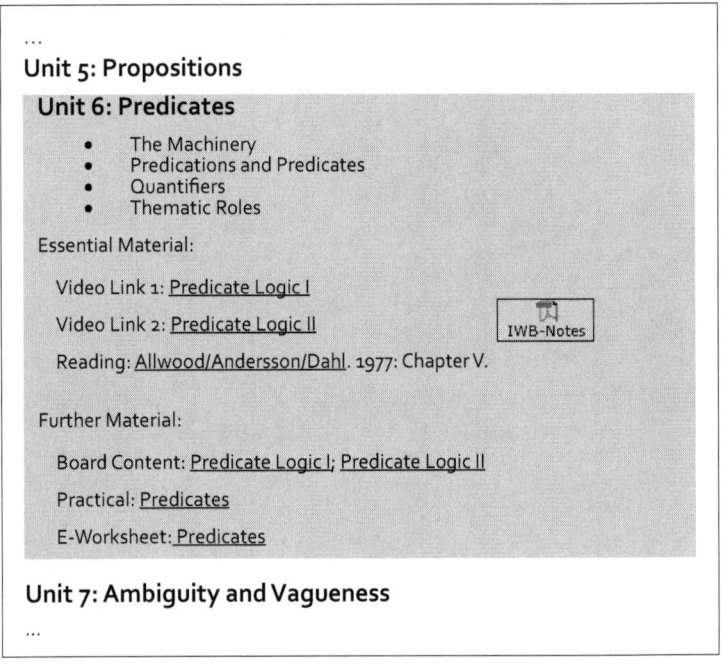

Abb. IV.10: Die Lerneinheit „Predicates" im MOOC Linguistics 103 – The Nature of Meaning, Herbst 2013 und Winter 2015

Die rein textuellen Unterschiede zu der in Abbildung II.1 auf S. 42 abgebildeten traditionellen Lerneinheit sind gering, allerdings wird vorgeschlagen, den gesamten Semesterplan mit den Angaben zu den einzelnen Lerneinheiten nunmehr nicht mehr im Papierformat, sondern als Webseite bereitzustellen, um den computergestützten Zugriff auf die Lehr- und Lernelemente zu ermöglichen.

Die gewünschten Materialien lassen sich auf verschiedene Weise zu einer digitalen Lerneinheit zusammenstellen:

*   als einfache Linksammlung,
*   als einfache multimediale Lerneinheit,

- als komplexe Lerneinheit im Rahmen eines vollständig digitalisierten Kurses.

Dazu bieten sich verschiedene Möglichkeiten an, von der Nutzung hochschulweiter Plattformen bis hin zu proprietären Lösungen über selbst erstellte Wikis oder eigene Lernplattformen.

Bedient man sich einer hochschuleigenen Plattform, wie z.B. Moodle, ILIAS oder OLAT, kann man in der Regel eigene Webseiten relativ einfach über ein in die Plattform integriertes Content-Management-System erstellen. Das erleichtert zwar die Zusammenstellung der Materialien zu einem digitalen Gesamtpaket, schränkt allerdings die gestalterische Freiheit und Flexibilität erheblich ein (vgl. Handke/Schäfer, 2012:252/253).

Geht man dagegen eigene Wege, stehen externe Entwicklungsumgebungen für Webseiten, wie z.B. Weebly oder Wordpress, zur Verfügung [INT10]. Diese bieten zahlreiche Designoptionen an, sodass durchaus ein eigenes Corporate Design bei einem immer noch vertretbaren Aufwand realisiert werden kann.

Neben der Nutzung von Webseiten-Editoren kann man natürlich auch vollständig auf eigene Lösungen setzen und die Webseiten selbst erstellen. Die dazu erforderlichen Codes werden in Abschnitt V.4 vorgestellt und erläutert.

Die vormals verwendeten (PowerPoint-)Folien sind nun entweder in den neuen Arrangements aufgegangen, oder sie können nach wie vor als Begleitmaterialien mit bereitgestellt werden.

Und durch die – wie beschrieben – gut überlegte Internetrecherche bleibt die Deutungshoheit in den Händen des Kursleiters, genauso wie zu ‚analogen‘ Zeiten, nur das inhaltliche Rückgrat der Lerneinheit ist ein anderes: digital statt Papier.

IV.2 Begleitmaterialien zur Inhaltserschließung

Wie bereits mehrfach erwähnt, reicht die Überführung traditioneller Lehr- und Lernmaterialen in Lehrvideoformate allein für eine mehrwertorientierte digitalisierte Hochschullehre nicht aus.

„Learning is not just Video!" lautet ja unsere dritte These auf S. 13 im Eingangsteil dieses Handbuches. Mit anderen Worten: Lehrvideos allein sind nicht ausreichend für eine digitalisierte Lehre. Viele Entwickler digitaler Szenarien verkennen dies immer wieder und beschweren sich dann in öffentlichen Foren oder auf Blogs über die schlechte Wirksamkeit ihrer digitalen Materialien.

Unabhängig von der Qualität und Machart eines Lehrvideos bedarf es somit in jedem Fall einer zusätzlichen Mischung aus begleitenden Elementen, mit deren Hilfe die per Video oder auch über andere digitale Medien bereitgestellten Inhalte besser verstanden und vertieft werden können.

In traditionellen Lehrformaten stellte man den Studenten dazu schriftliche Begleitmaterialien in Form von Aufgabenblättern oder Handouts zur Verfügung, oder man wies sie auf weiterführende Literatur hin (vgl. Abschnitt II.2).

In einer digitalisierten Lerneinheit werden diese zusätzlichen Materialien, natürlich auch in einem digitalen Format, wenn möglich als interaktive multimediale Materialien, angeboten.

IV.2.1 Vom „Handout" zum „Practical"

Aus dem ehemals in Printform bereitgestellten unterrichtsbegleitenden Handout wird nunmehr eine eigenständige Webseite, die den Teilnehmern an der Lehrveranstaltung in der Präsenzphase oder auch in Online-Szenarien zu Übungszwecken zur Verfügung steht.

Abbildung IV.11 zeigt einen Ausschnitt aus diesem neuen, nun interaktives „Practical" genannten, ‚Handout', mit seinen verschiedenen Bestandteilen (vgl. Abbildung II.3, S. 45).

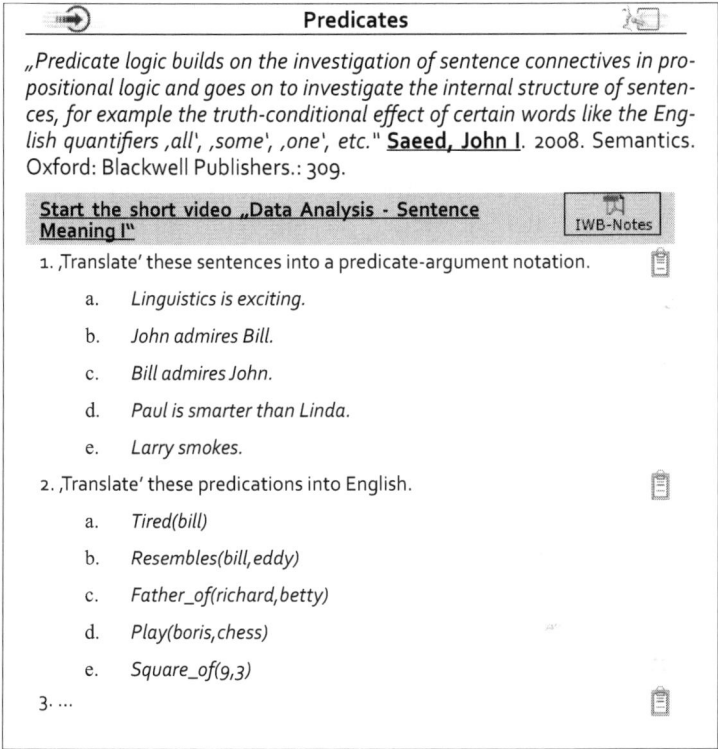

Abb. IV.11: Das interaktive „Practical" (ein Ausschnitt)

Inhaltlich sind im Vergleich zu dem in Abbildung II.3 (S. 45) dargestellten klassischen Handout keine Änderungen vorgenommen worden. Allerdings ist die traditionelle Version um eine Reihe von Hyperlinks bereichert worden:

• Hyperlink „Saaed, John I."; ein Verweis auf Informationen zum Autor des für die Thematik relevanten Lehrbuches „Semantics";
• Hyperlink „Start the … Meaning I", der Verweis auf eine für die Thematik relevante Micro-Lecture im YouTube-Kanal;

- Hyperlink „Grafik: IWB-Notes", der Verweis auf die am interaktiven Whiteboard während der Videoproduktion erzeugte Präsentation im PDF-Format;
- Drei Hyperlinks (als grafische Symbole), die auf die Musterlösungen der einzelnen Übungsaufgaben verweisen.

Interaktive Web-Dokumente der dargestellten Art können als Basis für weiterführende Lehr- und Lernszenarien dienen. Neben einer zeitlich vordefinierten Bereitstellung von Musterlösungen für alle Teilnehmenden an einer Lehrveranstaltung, lassen sich mit derartigen Practicals, die eine Vielzahl aufeinander abgestimmte Aufgaben enthalten, auch adaptive Lernszenarien implementieren. Durch Koppelung von Informationen über den Lernstand und weitere Variablen des Nutzerverhaltens ist es möglich, die einzelnen Aufgaben in einem Practical dem individuellen Lernstand anzupassen.[32]

Für solche Anwendungsszenarien allerdings reichen einfache Webseiten im HTML-Format nicht mehr aus. Aus Gründen der dynamischen Anpassungsmöglichkeit an vom Webserver ausgehende zeitliche Taktungen und Informationen aus relevanten Datenbanken müssen solche Webseiten in anderen Formaten, z.B. im PHP-Format, erstellt werden. Dadurch lassen sich nicht nur die Übungsaufgaben selbst präsentieren, sondern die benötigten Hyperlinks und Zusatzinformationen ein- bzw. ausblenden.

IV.2.2 Vom „Worksheet" zum „E-Worksheet"

Eine wichtige Komponente in klassischen wie in digitalen Lehr- und Lernszenarien bilden Tests, mit denen der Lerner seinen Wissensstand überprüfen kann, die es aber auch Lehrenden erlauben festzustellen, inwieweit die digitalen Inhalte bearbeitet und verstanden worden sind.

---

[32] Im Rahmen unseres HSP-2020-Projekts „Adaptive MOOCs" werden diese Szenarien erstmalig 2015 erprobt.

In klassischen Szenarien wurden dazu in der Regel Hausaufgaben bereitgestellt, die im Anschluss an den Unterricht bearbeitet werden mussten.[33] Die Korrektur solcher verschriftlichten Aufgabenblätter, in Abschnitt II.2.2 „Worksheets" genannt, lag in der Hand des jeweiligen Kursleiters.

In einer digitalisierten Lerneinheit bieten sich computergestützte Prüfungsformate an. So wird mit dem Hyperlink „E-Worksheet: ‚Predicates'" ein elektronischer Test geladen, mit dem die Inhalte der Lerneinheit überprüft werden können. Das „E-Worksheet" ist somit das Äquivalent des „Worksheets", d.h. der klassischen schriftlichen Hausaufgabe.

Je nach Grad der Computerunterstützung lassen sich zwei Arten solcher „Assessments" definieren:

* semi-automatisierte E-Worksheets, bei denen die Inhalte zwar vollständig digitalisiert sind, die Korrektur und Benotung allerdings durch den menschlichen Lehrer erfolgt;
* voll-automatisierte E-Worksheets (E-Assessments), bei denen alle Komponenten digitalisiert sind und zusätzlich Korrektur und Benotung maschinell erledigt werden.

Die einfachste Variante voll-automatisierter elektronischer Tests ist der Multiple-Choice-Test, bei dem die Auswertung dem Computer überlassen werden kann. Da Multiple-Choice-Tests aber keinen signifikanten Mehrwert haben und in vielen Fächern völlig unüblich sind, sollten sie soweit wie möglich durch alternative, anspruchsvollere Testformen ergänzt bzw. langfristig ersetzt werden. Sie sind nur dann eine Option, wenn sehr hohe Teilnehmerzahlen zu bedienen sind und der dadurch entstehende Korrekturaufwand keine anderen Prüfungsformate zulassen. Einen inhaltlichen Mehrwert allerdings bieten Multiple-Choice-Tests nur in seltenen Fällen (vgl. Handke/Schäfer, 2012:157).

---

[33]   Zu einer Typologie von Tests, siehe Handke/Schäfer (150ff.).

Generell sollte man sich bei der Entwicklung elektronischer Prüfungsformate somit vom Streben nach didaktischen Mehrwerten also von These 4 auf S. 14 leiten lassen.

„Didactics must drive technology …"

Ein gutes Beispiel für einen derartigen Mehrwert sind Testformate mit Audiounterstützung, eine Option, die bei klassischen Präsenzprüfungen nicht möglich ist, oder komplexe Assoziationsaufgaben, wie in Handke/Schäfer (2012) auf S. 186 beschrieben und auch Texteingabeübungen, die über die entsprechenden ‚intelligenten' Auswertemechanismen verfügen (Handke/Schäfer, 2012:191).

Für kleine Kurse, deren Inhalte zwar vollständig digitalisiert sind, bei denen sich der Korrekturaufwand durch den Kursleiter auf Grund der überschaubaren Teilnehmerzahl aber in Grenzen hält, bieten sich semi-automatisierte Testformate an. Abbildung IV.12 zeigt ein solches E-Worksheet, das als Web-Formular die Benutzereingaben über Textfelder und den Versand per E-Mail über einen speziellen „Submit-Button" ermöglicht. Die Auswertung erfolgt allerdings nach wie vor von Hand durch den Kursleiter.

Predicates

1. ‚Translate' these sentences into a predicate-
   argument notation:
     a. *Someone likes pizza.*
     b. *At least one linguist knows Chomsky.*
     c. *No students who like John like Mary.*
     d. *Everything is either matter or energy.*
     e. *There is a solution to every problem.*
2. ‚Translate' these predications into English.
     a. *„x(Computer(x) ð ¬Work(x))*
     b. *¬$x(Clown(x) & Laugh(x))*
     c. *„x$y(Jedi(x) ð (Sith(y) & Fight(x,y)))*
     d. *„x(¬(Newspaper(x) & Buy(john,x)))*
     e. *$x(Like(peter,x) º ¬Lend(x,judy,money))*
3. …

        Submit

        Reset Form

Abb. IV.12: Semi-automatisiertes E-Worksheet (bei kleinen Kursen)

Bei höheren Teilnehmerzahlen sind semi-automatisierte E-Worksheets allein schon aus Gründen des hohen Korrekturaufwandes weniger geeignet (vgl. Handke/Schäfer, 2012: 180–183 bzw. Handke,
2014a, Anhang A zu den zur Verfügung stehenden Zeitkontingenten).

Doch es müssen nicht unbedingt die in vielen Fächern verpönten
Multiple-Choice-Tests sein, mit denen elektronische Assessments
realisiert werden, es gibt auch andere Möglichkeiten.

Eine erste inhaltliche Erweiterung bildet eine im *Virtual Linguistics
Campus* verwendete Variante, bei der die in einem Multiple-
Choice-Test angebotenen Optionen nicht alle auf einmal, sondern
per Zufallsgenerator nacheinander präsentiert werden, so dass ohne
Kenntnis der noch folgenden Antwortmöglichkeiten, die durchaus
passender als die sichtbare Option sein können, sofort eine Entscheidung gefällt werden muss.

Abbildung IV.13 zeigt einen solchen „dynamischen" Multiple-Choice-Test als voll-automatisiertes E-Worksheet, bei dem gerade die dritte von vier Antwortmöglichkeiten aufgedeckt wurde.

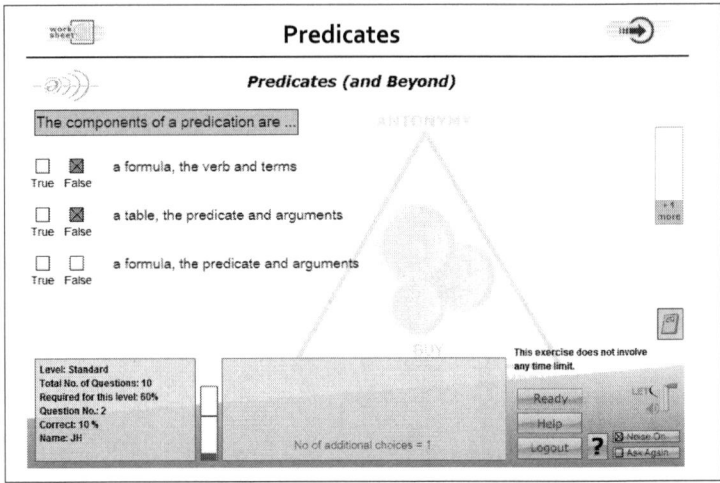

Abb. IV.13: E-Worksheet des Typs „Dynamic Multiple-Choice"

Wie bei einfachen Multiple-Choice-Tests kann die Korrektur problemlos vom Computer durchgeführt werden, der Anspruch ist allerdings ein deutlich höherer.

Dass voll-automatisierte elektronische Assessments mit den entsprechenden Auswerte- und Verwaltungsoptionen zunehmend eine zentrale Rolle in modernen digitalisierten Lehr- und Lernarrangements spielen, wird insbesondere in „Inverted Classroom"-Szenarien deutlich, die über zusätzliche „Mastery-Learning"-Komponenten verfügen. Mit dem dann entstehenden formativen Charakter bekommen sie ein neues Gewicht bezogen auf die Organisation der Präsenzphase (Handke, 2013a).

Über die Verwendung als separate E-Assessments in einzelnen Lerneinheiten hinaus lassen sich einzelne E-Worksheets zu komplexeren Test-Arrangements zusammenstellen.

Verfügt man erst einmal über eine kritische Masse an E-Worksheets, können daraus summative Assessment-Arrangements entstehen, die verschiedene Testtypen kombinieren. Bereits in Handke/Schäfer (2012:200ff) hatten wir gezeigt, wie man so von E-Worksheets über komplexe E-Analysis-Projects bis hin zu E-Exams gelangen kann.

IV.2.3 Leitfragen

Eine für viele Lernende nützliche Option sowohl zur Vorbereitung von Abschlussprüfungen als auch als ‚Anleitung' für die Bearbeitung einer Lerneinheit sind digitalisierte Leitfragen.

Dabei handelt es sich um eine begrenzte Anzahl vordefinierter Fragen (im *Virtual Linguistics Campus* sind dies nie mehr als zehn Fragen pro Lerneinheit), die nicht nur auf die Inhalte einer Lerneinheit abgestimmt sind, sondern zusätzlich in die entsprechenden Webseiten über vordefinierte Hyperlinks verzweigen. Neben den ‚normalen' Hyperlinks werden in ausgewählten Fällen zusätzliche Videoverweise mit den Leitfragen verknüpft, über die man direkt an die Stellen in vorab ausgewählten Lehrvideos gelangt, an denen der Sachverhalt erklärt wird.

In Abbildung IV.14 sind die ‚normalen' Hyperlinks als unterstrichene Textfragmente und die ausgewählten Videoverweise als Filmsymbole dargestellt.[34]

---

[34]   Zur webtechnologischen Umsetzung solcher Videoverweise siehe Abschnitt V.4.

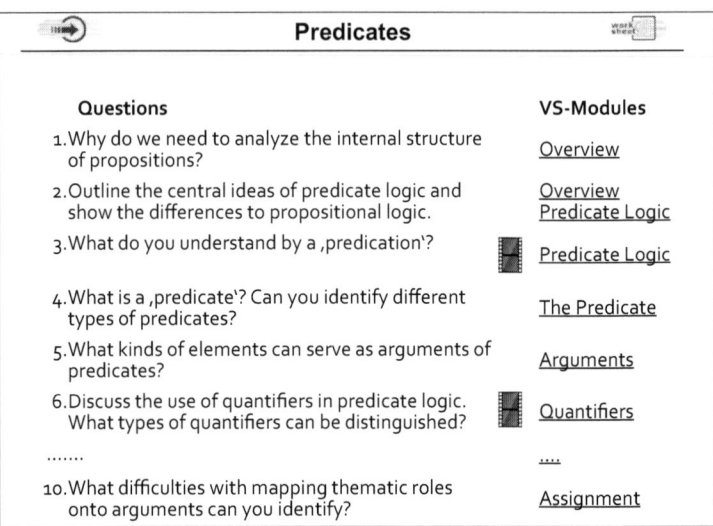

Abb. IV.14: Die Leitfragen der Lerneinheit „Predicates"

Die Leitfragen sind somit eine weitere Option zur Erschließung digitaler Inhalte. Sie schlagen dem Lerner durch ihre Reihung eine vordefinierte Möglichkeit („Default") zur Bearbeitung der Inhalte, d.h. einen standardisierten ‚Lernpfad' vor, bieten durch die hypertextuelle Implementierung und durch die Verknüpfung mit verschiedenen digitalen Elementen aber auch gleichzeitig eine große Flexibilität und Auswahlmöglichkeit, und überlassen es dem Lerner, immer auch seinen eigenen Lernpfad zu finden.

IV.2.4 Beratung und Austausch

Auch im digitalen Zeitalter gehören Beratung und Austausch zu wichtigen Mitteln der Kommunikation sowie zur Vertiefung von Inhalten. Nach wie vor halten die Lehrenden Sprechstunden ab, wobei diese häufig sogar effizienter genutzt werden können als noch vor einigen Jahren, da viele Studierende einfache Fragen vorab per

E-Mail klären und damit in den Sprechstunden Raum für vertiefende Gespräche gewonnen werden kann.[35]

Der Austausch der Studenten untereinander findet ebenfalls nach wie vor statt. Immer noch werden Arbeitstreffen organisiert und Arbeitsgruppen gebildet. Abbildung IV.15 zeigt eine solche Arbeitsgruppe, in der die beteiligten Studenten gemeinsam eine digitale Lerneinheit bearbeiten und das dazugehörige E-Worksheet lösen.

Abb. IV.15: Arbeitsgruppe im digitalen Zeitalter, WS 2014/15, Uni Marburg [Q1]

Neu im Vergleich zur studentischen Arbeitsweise im prä-digitalen Zeitalter ist die Einrichtung von zusätzlichen virtuellen Arbeitsgruppen. Dabei setzen die Studierenden fast ausschließlich auf aktuelle Internetplattformen wie Facebook oder WhatsApp und nutzen die dortigen Nachrichtenfunktionen für Mitteilungen oder auch die angebotenen Werkzeuge zum Austausch von Materialien.

Bei den so entstehenden virtuellen Arbeitsgruppen handelt es sich um geschlossene Gruppen, in denen die Lehrenden keine Mitglieder sind.

---

[35] Dass man durch den dadurch enorm gestiegenen E-Mail-Verkehr als Hochschullehrer Abstriche bei anderen Aktivitäten machen muss, ist allerdings ein zusätzliches Problem.

Abbildung IV.16 zeigt die geschlossene Facebook-Gruppe des Kurses „History of English", der im WS mit 152 Studierenden an den Start ging, von denen nach sechs Wochen 125 Mitglieder in der Facebook-Gruppe waren.

Abb. IV.16: Die geschlossene Facebook-Gruppe „History of English" im November 2014

Die Kommunikation der Studierenden untereinander wurde zum gleichen Zeitpunkt primär über WhatsApp abgewickelt. In einer Umfrage in der Präsenzphase der Lehrveranstaltung „History of English" im Wintersemester 2014/15 wurde deutlich, dass andere Plattformen keine oder nur eine untergeordnete Rolle spielen.

Abbildung IV.17 veranschaulicht das Ergebnis dieser Umfrage, an der 97 Studenten im dritten Fachsemester mit einem Altersdurchschnitt von 20 Jahren teilnahmen.

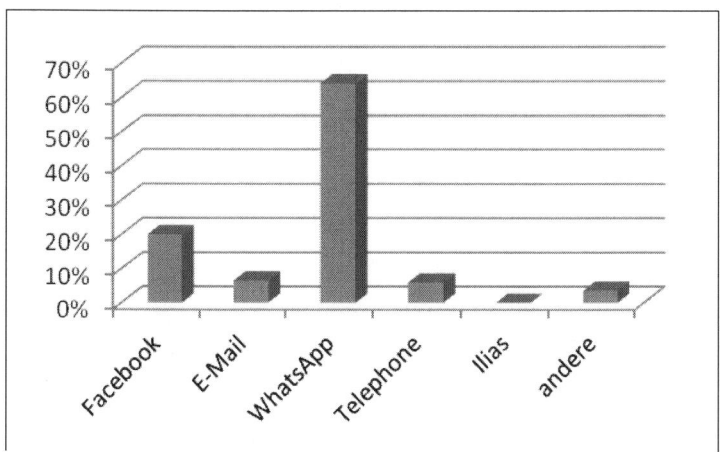

Abb. IV.17: Kommunikation der Studierenden untereinander WS 14/15 (n = 97)

Die Situation im Vergleich zum letzten Jahrhundert hat sich somit gar nicht so gravierend verändert. Lediglich der Aufwand ist größer geworden: Auf Seite der Lehrenden die persönliche Beratung und die neu entstandene Kultur des internetbasierten Austausches, wozu neben E-Mail nun z.b. auch Blogs oder Wikis gehören, und auf Seite der Studierenden die zusätzlichen virtuellen Arbeitsgruppen in den sozialen Netzwerken und die damit verbundenen Austauschmöglichkeiten.

IV.2.5 Weitere Materialien

Eine weitere Option insbesondere zur Ergänzung von Lehrvideos ist die Bereitstellung des während der Videoproduktion entstandenen Inhaltes im PDF-Format.

Wie bereits in Abschnitt III.2.1 dargestellt, beinhalten nahezu alle Lehrvideos eine Screencast-Komponente, bei der während der Videoproduktion der Bildschirminhalt entweder in Form einer vorgefertigten Präsentation (z.b. über eine Präsentationssoftware wie PowerPoint), oder als dynamisch entstehender Bildschirminhalt z.B. über eine digitale Schreibfläche abgegriffen wird. In beiden Fällen, kann man die vorgefertigte Präsentation selbst oder die zentralen Bildschirmelemente im PDF-Format zusätzlich zum so erzeugten Lehrvideo bereitstellen. Dadurch erhalten die Nutzer von Lehrvideos die zusätzliche Möglichkeit der ‚Pen-und-Paper' Begleitung beim Schauen von Lehrvideos.

Somit handelt es sich bei dieser Option, die im Semesterplan in Abbildung IV.10 und im Practical in Abbildung IV.11 über das als Hyperlink definierte Bildsymbol „IWB-Notes" abgerufen werden kann, um eine digitale Variante der traditionellen ‚Folien', die früher während des Unterrichtes gezeigt und im Rahmen eines Skripts zur Verfügung gestellt wurden.

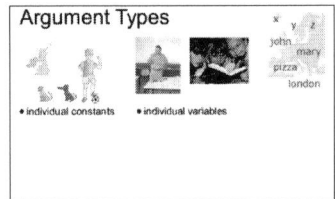 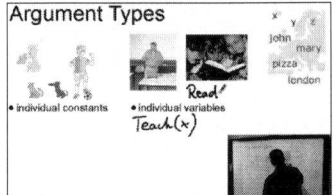

Abb. IV.18: Ausschnitt aus dem PDF-Dokument (links) und dem Video (rechts)

Eine weitere Möglichkeit, von der bereits in den ersten Jahren der Nutzung internetbasierter Lehr- und Lernszenarien Gebrauch gemacht wurde, sind die sogenannten „Linklisten", d.h. Webseiten mit einer Auswahl von Internetverweisen auf weiterführende Seiten. Solche Linklisten gehören heute zum Standardrepertoire der Lehre. Neu allerdings ist die Möglichkeit, anstelle von einfachen Links, Verweise zu Videomaterialien, wenn nötig sogar zeitlich genau definiert, anzubieten.

Abbildung IV.19 zeigt den Ausschnitt aus einer solchen ‚Video-Linkliste' des Kurses „History of English", in der vier fachrelevante Videos per Vorschaubild angeboten werden. Genau wie in einfachen Linklisten sollte man auch bei „Videolinks" nicht davor zurückschrecken, Lehrvideos von dritter Seite zu verwenden. Voraussetzung ist, dass sie die Standards, die man in der eigenen Lehre voraussetzt, erfüllen und ihre Nutzung für die angestrebten Zwecke erlaubt ist.

IV Die digitalisierte Lehre

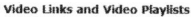

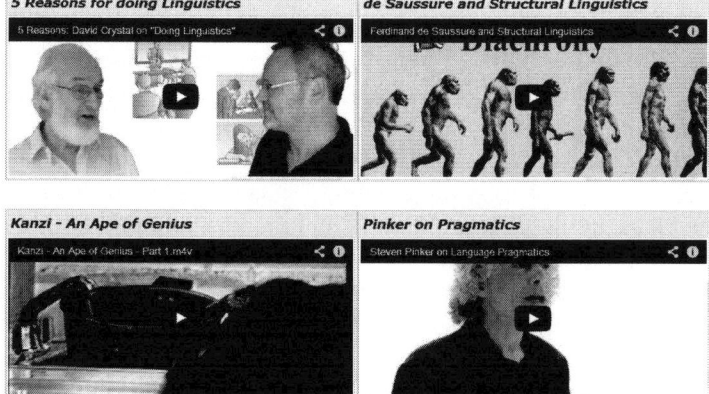

Abb. IV.19: Linklisten mit Videoangeboten

Die Möglichkeit, externe Videos in die eigene Lehre einzubinden, machen sich mittlerweile einige Hochschulen zu Nutze. So bietet die Fakultät für Biologie und Psychologie der Universität Göttingen, wie bereits in Abschnitt IV.1.1, S. 97 erwähnt, über die Homepage der Hochschule eine *„Sammlung von hervorragenden Lehrfilmen aus dem World Wide Web"* an [INT14]. Auch wenn das Angebot bisher nur wenige Fachgebiete betrifft, so ist es doch richtungsweisend. Warum muss z.B. ein als Micro-Lecture angelegtes Lehrvideo zur Biographie von Charles Darwin vor Ort erzeugt werden, wenn es im Internet bereits eine frei verfügbare, von den Göttinger Wissenschaftlern empfohlene, Version gibt?

Zusammenfassend lässt sich festhalten, dass im Prinzip viele der in klassischen Lehr- und Lernszenarien verwendeten Materialien auch im digitalen Zeitalter – wenn auch in anderen Formaten – ihre Verwendung finden. Allerdings ist deren Vielfalt, und damit die Möglichkeit, eine wesentlich größere Anzahl an Lernertypen anzusprechen als vorher, erheblich gestiegen.

IV.2.6 Die Präsenzphase

Sind all die in den Abschnitten IV.2.1 bis IV.2.5 vorgestellten Materialien zu einem digitalen Gesamtpaket ‚verschnürt' worden, entsteht die Frage nach einer sinnvollen Nutzung der Präsenzzeit.

Abbildung IV.20 zeigt die durch die Digitalisierung entstandene Problematik: die nun digitalen Inhalte (in Abbildung IV.20 durch ein Computerlogo markiert) und die dazu gehörigen Elemente und Verfahren sind nun genauso außerhalb der Präsenzphase angesiedelt wie die zur Vertiefung bereitgestellten klassischen Materialien.

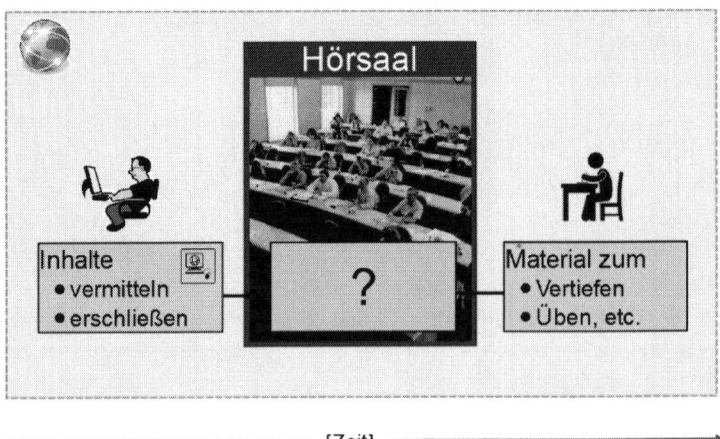

Abb. IV.20: Aktivitäten und Räume in der digitalisierten Lehre

Doch welche Funktion hat dann der Präsenzunterricht? Auf den ersten Blick gibt es nun zwei Möglichkeiten:

- Die Aktivitäten im Hörsaal entfallen und die Präsenzphase fällt aus.
- Alles bleibt beim Alten: Man hält die Präsenzphase wie bisher ab.

Keine dieser Möglichkeiten allerdings generiert einen signifikanten Mehrwert. Auch wenn der Wegfall der Präsenzphase auf Grund von

inhaltlichen Kriterien und bei Vorliegen geeigneter digitaler Lehr-
und Lernmaterialien durchaus begründbar wäre, würden wir uns
eines wichtigen Elementes der Hochschullehre berauben: der Möglichkeit der persönlichen sozialen Kontakte mit unseren Studenten. Reine Online-Kurse sind zukünftig sicherlich Bestandteil der
Hochschullehre, besonders im Grundlagenbereich, sollten jedoch
an einer Präsenzhochschule die Ausnahme bleiben.[36]

Es bleibt auf den ersten Blick also nur die zweite Option: eine Präsenzphase nach altem Muster. Blicken wir zurück: In Abschnitt
II.2.3, S. 47 hatten wir das Präsenzgeschehen der Lerneinheit „Predicates" im Wesentlichen wie folgt charakterisiert:

(1) Einführung

(2) Präsentation der Inhalte durch den Lehrer[37]

(3) Gruppenarbeit

(4) Vorbereitung der Hausaufgabe

(5) Zusammenfassung

Dabei entfielen auf den Kernteil (2), d.h. auf die „Präsentation der
Inhalte durch den Lehrer" etwa zwei Drittel der zur Verfügung ste-
henden Unterrichtszeit. Unter der Voraussetzung, dass nun aber die
Inhalte digital vorliegen und entsprechend vermittelt und erschlos-
sen werden können, macht es wenig Sinn, diesen zentralen Teil der
Präsenzphase nach alter Tradition durchzuführen. Mit einer bloßen
Wiederholung würde man zum Langweiler ersten Grades mutieren.
Ebenso wenig zielführend wäre es, massiv zusätzliche Inhalte per
Präsentation einführen zu wollen. Studentische Beschwerden über
die so entstehende zusätzliche Arbeitslast wären die Folge.

Mit ‚umgedrehten' Lehrformaten, bei denen die Phase der Inhaltsvermittlung und Inhaltserschließung auf der Basis digitaler Inhalte
der Präsenzphase vorangestellt wird, entsteht Zeit für andere Akti-

---

[36] In der Marburger Anglistik werden Studenten trotz eines umfangreichen
digitalen Lehrangebots nur in begründeten Ausnahmefällen, z.B. bei
nachgewiesenen Stundenplankollisionen oder im Krankheitsfall, offiziell
von der Präsenzphase befreit und in reine Online-Kurse eingruppiert.

[37] In Tabelle II.2 auf S. 47 sind dies die Phasen 2 und 3.

vitäten im Unterricht: Anstatt Inhalte erneut zu präsentieren oder zusätzliche Inhalte einzuführen, kann nun auf der Basis der online erschlossenen Inhalte geübt und diskutiert werden, es können Probleme gelöst werden, es steht mehr Zeit für Gruppenarbeit zur Verfügung, und die früheren ‚Hausaufgaben' können nun in die Präsenzphase verlagert werden.

Dieses „Inverted Classroom" Szenario, das mittlerweile in verschiedenen Publikationen ausführlich beschrieben wurde (Handke/ Schäfer, 2012, Handke/Sperl, 2012, Handke, 2014a etc.), und in Abbildung IV.21 dargestellt ist, hat sich als höchst effiziente Alternative zur traditionellen Lehre erwiesen.

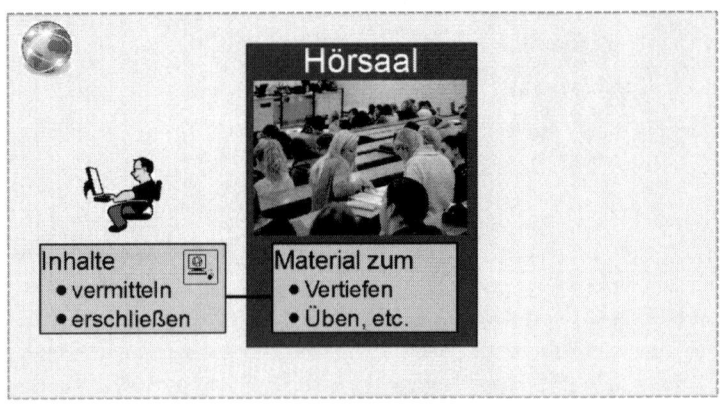

Abb. IV.21: Das Inverted Classroom Szenario

Durch die Herausnahme der Phase der „Präsentation der Inhalte" aus dem ‚Hörsaal' entsteht ein Freiraum für eine neue, effizientere Präsenzphase.

Je nach Inhalt einer Lerneinheit kann eine ‚Komplett-Invertierung' vorgenommen werden, bei der alle ‚Hörsaalaktivitäten' ausschließlich dem Üben und Vertiefen gewidmet sind. In der Regel allerdings wird aus dem „Inverted Classroom" Modell ein ‚semi-invertiertes' Modell, bei dem sich Übungs- und Wiederholungsphasen abwech-

seln. Mit anderen Worten: Es gibt neben den betreuten Übungs-
und Vertiefungsphasen zusätzlich kurze frontale Zusammenfassun-
gen oder auch Erklärungen für das gesamte Plenum.

Wird das „Inverted Classroom" Modell zusätzlich mit Mastery-Tests
gekoppelt, (Handke, 2013a), wird vor Durchführung der Präsenzphase deutlich, ob diese mehr der Wiederholung („Re-Teaching")
dienen soll, oder ob man die Präsenzphase ausschließlich zu
Übungszwecken nutzt und ohne Umschweife in den Übungspro-
zess einsteigen kann.[38]

Abbildung IV.22 verdeutlicht dieses Kontinuum zwischen „Re-
Teaching" und Übung.

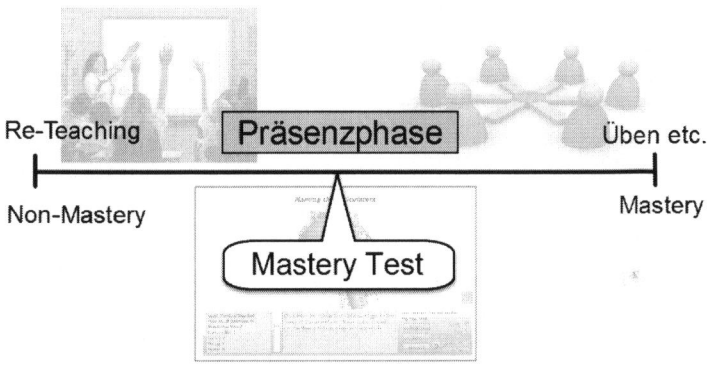

Abb. IV.22: Re-Teaching oder Üben in der Präsenzphase:
Der Mastery-Test entscheidet.

Je nach Durchdringung der digitalen Inhalte und dem daraus folgenden Grad der Invertierung entsteht in jedem Fall ein Freiraum
für die Vertiefung der digitalen Inhalte in der Präsenzphase.

Erste Langzeitstudien zeigen, dass durch den „Inverted Classroom"
nicht nur eine intensivere Auseinandersetzung mit den Inhalten

---

[38]   Im „Inverted Classroom Mastery Model" ist der "Mastery-Test" ein elektronischer Test, der mit gezielten Fragen zum Inhalt der vorgeschalteten
digitalen Lehr- und Lernkomponenten deren Durchdringungsgrad, den
„Mastery-Level" ermittelt.

möglich ist, sondern dass auch höhere Behaltens- und Transferleistungen zu verzeichnen sind (Handke, 2015; Pierce, 2013).

IV.2.7 Neue Lehr- und Lerntechnologien

Fallen in den neustrukturierten Präsenzphasen die Präsentationsanteile weg, erhalten natürlich auch die bisher verwendeten Präsentationsmittel eine neue Bedeutung.

Die Präsentationssoftware PowerPoint, die die heutigen Hörsäle dominiert, wird in einem solchen Lehrszenario zu einer Randerscheinung: Lediglich zu Beginn einer Lehrveranstaltung, im Rahmen der Vorstellung der Lernziele und der zentralen Themen, werden vorgefertigte Präsentationsanteile benötigt. Danach geht es in der Präsenzphase hauptsächlich um die Sicherung von Ergebnissen, um Erklärungen oder um weiterführende Hinweise [V15; 7:48–8:27].

Idealerweise verwendet man zur Verknüpfung dieser einführenden Präsentationsanteile mit den Elementen, die in der Präsenzphase entstehen, ein interaktives Whiteboard, über das der im Unterrichtsgeschehen entstandene Inhalt am Ende der Präsenzphase an die Teilnehmer versandt werden kann. Dazu bieten die Anbieter interaktiver Whiteboards entsprechende Softwarepakete an, z.B. „ActivInspire" von Promethean oder „Notebook" von Smart Technologies.

Die Verwendung solcher Steuerprogramme für Interaktive Whiteboards, die neben einfachen Präsentationen das kollaborative Arbeiten u.a. mit Hilfe von Stifteingabe und Multitouch ermöglichen, ist wesentlich hilfreicher als z.b. die Verwendung einer reinen Präsentationssoftware wie PowerPoint. Mit Programmen wie „ActivInspire" oder „Notebook" können nicht nur Inhalte präsentiert werden, sondern es können Daten eingefügt, verschoben, oder gelöscht und mit vorgefertigten Interaktionselementen kombiniert werden. Als Ergebnis der Präsenzphase liegt ein im Zusammenspiel mit den Teilnehmern erstellter digitaler und als PDF-Dokument versandfertiger ‚Tafelanschrieb' vor und nicht – wie im klassischen Szenario – eine vorgefertigte und in der Präsenzphase nicht mehr veränderbare Präsentation.

Da allerdings nicht in jedem Hörsaal ein interaktives Whiteboard zur Verfügung steht und die klassische Kreidetafel im digitalen Zeitalter viele der neuen Funktionen nicht bietet, muss man sich oft behelfen.[39]

Mit einem an einen Datenprojektor angeschlossenen Tablet-PC mit Stifteingabe lassen sich ähnliche Effekte erreichen. Man nutzt die Interaktive-Whiteboard-Software auch ohne Whiteboard, mit einem Unterschied: Man steht als Lehrperson nicht mehr am Whiteboard, sondern man schreibt an einem Pult stehend oder sitzend auf dem Bildschirm eines Tablet-PCs.

Eine noch einfachere Variante nutzt wiederum einen beschreibbaren Tablet-PC, setzt nun aber nicht mehr auf die Software für interaktive Whiteboards, sondern auf einfache Schreib-/Zeichenprogramme wie z.B. „Windows-Journal" und projiziert die Ergebnisse auf eine Leinwand.

Abbildung IV.23 zeigt diese Variante der ‚Tafelnutzung' im digitalen Zeitalter.

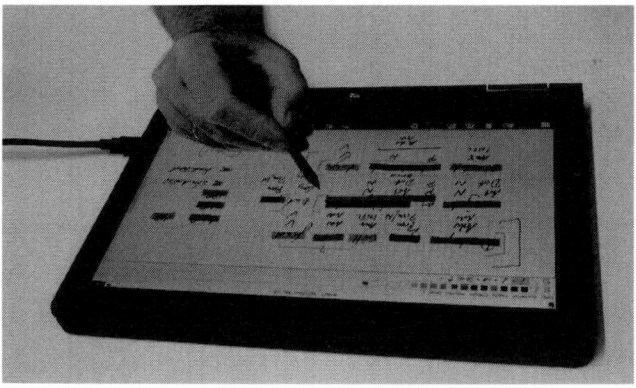

Abb. IV.23: Tafelersatz durch Tablet-PC [Q1]

---

[39] Wird dennoch eine Kreidetafel in der Lehre verwendet, setzen viele Studenten heute eine ‚anarchische' Methode der ‚Ergebnissicherung' ein: Sie fotografieren den klassischen Tafelanschrieb per Smartphone und ‚posten' die Tafelfotos in ihre digitale Lerngruppen (siehe Abbildung IV.16). Die Qualität solcher oft aus der Distanz ‚geschossener' digitaler Fotos lässt allerdings oft zu wünschen übrig.

In jedem Fall bieten die derzeit zur Verfügung stehenden Hard- und Softwarelösungen ausreichend viele Möglichkeiten, um sich nicht nur von der klassischen Kreidetafel zu lösen, sondern auch um die Hörsäle von den vielfach kritisierten PowerPoint-Präsentationen zu befreien (vgl. Handke, 2014a:145–147).

Neben dem interaktiven Whiteboard kommen in modernen Lehr- und Lernarrangements aber noch weitere neue Technologien zum Einsatz, von denen die „Student/Audience-Response-Systeme" bezüglich ihres didaktischen Mehrwertes sehr hoch angesiedelt werden können (siehe Wiemeyer, 2013). Mit diesen oft als ‚Clicker' bezeichneten Abstimmungsgeräten können auf sehr einfache Art und Weise – und absolut anonym – spontane oder auch vorgefertigte Fragen zum laufenden Unterrichtsgeschehen gestellt werden. Darüber hinaus bieten sie eine hervorragende Möglichkeit, mit gut durchdachten und auf den digitalen Inhalt abgestimmten Wissensfragen zu Beginn der Präsenzphase in ‚umgedrehten' Lehrformaten festzustellen, wie weit die Teilnehmer ausgewählte Inhalte der vorangegangenen digitalen Phase verstanden haben.

Somit haben Abfragen wie in Abbildung IV.24 dargestellt in ‚umgedrehten' Lehrszenarien primär formativen Charakter: Je nach Ergebnis solcher ‚Überprüfungen' lässt sich die Präsenzphase auf dem in Abbildung IV.22 dargestellten Kontinuum entsprechend ausrichten.

 [ɔi] can accurately be defined as …

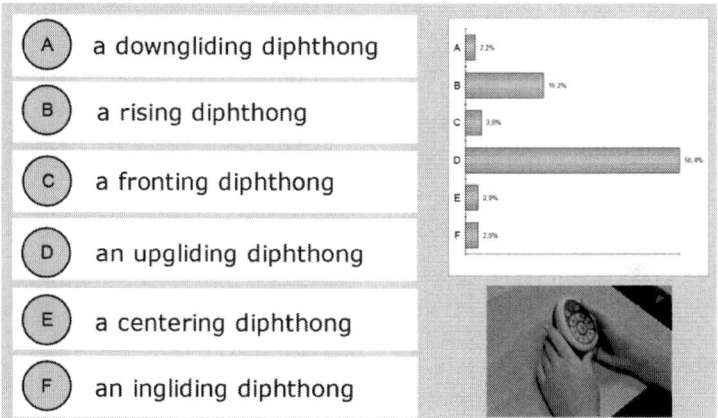

Abb. IV.24: Das Student-Response-System „ActiVote" im Einsatz
(aus Handke, 2014a)

Man sollte meinen, dass sich Abstimmungen wie die in Abbildung IV.24 gezeigte heute auch bequem über mobile Endgeräte durchführen lassen. Im Prinzip ist das richtig. Mit Programmen, wie z.B. ARSnova oder ActivEngage, um nur einige zu nennen, die mittlerweise von entsprechenden Apps auf mobilen Endgeräten unterstützt werden, sind solche Abstimmungen sehr gut möglich. Voraussetzung hierfür ist eine stabile und skalierbare W-LAN Verbindung. Und genau daran hapert es: Viele Unterrichtsräume sind (noch) nicht für den flexiblen Einsatz solcher Technologien vorbereitet. Die derzeitige Alternative bleiben stationäre Student-Response-Systeme, bei denen die Verbindung über einen lokalen Hub erfolgt.

Wir erinnern uns an unsere vierte These: *„Didactics must drive Technology!"* Offenbar, und das zeigt das Beispiel der Student-Response-Systeme, besteht hier aus technologischer Sicht noch Nachbesserungsbedarf.

Neben diesen Technologien kommen insbesondere durch die Verwendung von maßgeschneiderten „Apps" immer neue digitale Hilfsmittel ins Spiel, von webbasierten Editoren zur kollaborativen Bearbeitung von Texten über Möglichkeiten der Fernsteuerung von Präsentations-PCs bis hin zu leistungsfähigen Cloud-Lösungen der Datenspeicherung und Datenweitergabe.

Aus Studentensicht, aber auch unter Berücksichtigung der neuen Ausrichtung der Präsenzphase mit ihrem Übungs-, in manchen Fällen auch Forschungscharakter, ist es z.b. essenziell, dass die Studenten auf die eigenen mobilen Endgeräte zurückgreifen können. „Bring your own Device!" (dt. „Bring Dein eigenes Gerät mit!"), abgekürzt „BYOD", lautet ja die zum Schlagwort gewordene Forderung vieler Mediendidaktiker. Doch wie bereits erwähnt, hinkt die technische Realität dem didaktischen Anspruch oft noch hinterher: Um z.b. kollaborativ an Texten in der Präsenzphase arbeiten zu können oder als Lehrender den Präsentations-PC über einen Tablet-PC fernzusteuern, bedarf es stabiler und skalierbarer W-LAN-Zugänge in den Hörsälen auch bei großen Lehrveranstaltungen.

Doch trotz mancherorts noch schwächelnder technischer Unterstützung ist „BYOD" in der heutigen Präsenzlehre ein wichtiges Motto geworden: Über die Fotofunktion hinaus nutzen die Studenten ihre mobilen Endgeräte heute zu Recherchezwecken, sie halten darauf digitale Begleitmaterialien bereit, oder sie lösen interaktive Aufgabenblätter.

Für viele Lehrende sind mit all diesen ‚neuen' Hilfsmitteln allerdings große Probleme verbunden, müssen sie sich doch mit zahlreichen neuen Technologien auseinandersetzen und diese in den Griff bekommen. Während sich noch bis in die 1990er Jahre hinein die ‚Medien(bedien)kompetenz' von Lehrenden ausschließlich auf die Bedienung eines Overhead-Projektors beschränkte, sind heute enorme technische Grundkenntnisse erforderlich:

„Lehrende brauchen [vor allem Medienkompetenz], damit Digitalisierung sinnvoll in didaktische Modelle integriert und nicht zum Selbstzweck wird." (Stampfl, 2014).

Doch viele Lehrende haben Probleme damit, sich die für diese neuen Lehr- und Lerntechnologien notwendigen Bedien- und Nutzungskompetenzen anzueignen. Viele Lehrende stehen den neuen Unterrichtstechnologien, wie dem Interaktiven Whiteboard, den Student-Response-Systems, um nur einige zu nennen, mit großem Argwohn, bisweilen sogar panisch gegenüber. Doch im digitalen Zeitalter bleibt ihnen gar nichts Anderes übrig, als sich damit in irgendeiner Form auseinanderzusetzen. Und da, wie in Handke (2014a:143ff.) dargestellt, die Weiterbildungsangebote vielfach gar nicht ausreichen, ist es wichtig, sich in Eigenregie ohne Ängste an die neuen Technologien heranzutasten, neugierig zu sein und durchaus auch einmal den einen oder anderen Fehlschlag hinzunehmen. Hat man erst einmal genügend Erfahrungen im Umgang mit der zur Verfügung stehenden Hard- und Software gesammelt, werden die Vorteile die möglicherweise langwierigen Einarbeitungszeiten überlagern. Unsere vierte Empfehlung von S. 14 *„Keine Angst vor neuen Lehr- und Lerntechnologien!"* ist daher eine wichtige Voraussetzung für das Gelingen einer weitreichenden Digitalisierung der Hochschullehre.

IV.3 Zusammenfassung

In den vergangenen Abschnitten haben wir gezeigt, wie digitale Materialien gefunden, erstellt und zu einem Gesamtpaket zusammengestellt werden können. Wir haben aber auch gesehen, dass die Digitalisierung auch nur einer einzelnen Lerneinheit kein Selbstläufer ist. Mit Lehrvideos allein funktioniert es nicht. Begleitende Elemente, weiterführende Materialien, elektronische Testszenarien und kollaborative Arbeitstechniken sind notwendig, um die durch die Digitalisierung entstehenden Mehrwerte zu entfalten.

Wenn wir aber über einen Großteil dieser Elemente verfügen und damit der Lebenswirklichkeit unserer studentischen Klientel gerecht werden, dann erreichen wir endlich ein Ziel, das seit Jahren mit traditionellen Lehr- und Lernmethoden verfehlt wird: Wir können in der Tat die Hochschullehre verbessern (These 2, S. 13).

Studierende sind dann nicht mehr vom Lehrtempo des Dozenten abhängig. Sie können orts- und zeitunabhängig die benötigten Inhalte erschließen. Dazu stehen ihnen zahlreiche Materialien zur Verfügung: Lehrvideos, multimediale Szenarien und Texte. Gepaart mit Übungsaufgaben und Assessments können diese Materialien auf vordefinierten oder selbstbestimmten Lehrpfaden erschlossen werden. Für die Präsenzphase, darauf wurde in Abschnitt IV.2.6 hingewiesen, entstehen dabei neue Optionen.

Und was bedeutet die Digitalisierung für die Lehrenden? Zunächst einmal viel Arbeit (siehe Abschnitt IV.3.2)! Ist allerdings ein gewisser Weg, der anfangs durchaus steinig sein kann, beschritten worden, entsteht zunehmend ein Befreiungseffekt: Digitalisierte Inhalte müssen nicht Semester für Semester neu vorgetragen werden, Präsentationen müssen nicht ständig wiederholt werden.

Wir gewinnen also Freiraum. Und diesen Freiraum können wir mit neuen Unterrichtsformaten, wie dem des „Inverted Classroom" nutzen.

Dass darüber hinaus die klassischen Probleme der Hochschullehre wie Redundanz, Skalierbarkeit, Stundenplanprobleme, inhaltliche Quantitätssicherung nicht mehr auf der Agenda stehen, ist ein willkommener Begleiteffekt (siehe Handke, 2014a:227ff).

IV.3.1 Qualitätssicherung/Transparenz

Eines der zentralen Probleme der traditionellen Hochschullehre ist ihre Intransparenz und damit verbunden die auf den Schultern Einzelner beruhende Qualitätssicherung.

Bei digitalisierten Inhalten verhält sich dies anders. Lehrvideos, wenn sie denn als OER-Materialien über öffentliche Portale zugänglich gemacht werden, können nicht länger der öffentlichen Beurteilung entzogen werden. Auch wenn es sich z.B. bei vielen Kommentaren zu Lehrvideos wie in Tabelle IV.2 (S. 98) dargestellt ‚nur' um Kommentare der ‚Community' und nicht um „Peer-Reviews" handelt, so ist doch der Grad der Transparenz enorm gestiegen. Und wenn die Masse solcher Kommentare erst einmal groß genug ist, und es sich nicht nur um reine Lobhudeleien handelt, stellt sich auch ein gewisses Maß an Qualitätssicherung ein.

Dennoch ist Vorsicht geboten. Es gibt keine eindeutigen Indikatoren für die Qualität von Lehrvideos. Parameter wie

- Zeitraum: Seit wann gibt es das Lehrvideo?
- Clicks: Wie oft wurde das Video aufgerufen?
- Likes und Dislikes: Wie viel Zustimmung/Ablehnung gibt es?
- Attention Time: Wie lange wurde ein Video angeschaut?

sind zwar nützlich, für die Qualitätssicherung aber nur dann hilfreich, wenn Extremwerte, z.B. eine sehr hohe Ablehnung, zu verzeichnen sind.

Dennoch hat die Qualitätssicherung jetzt ein anderes Niveau erreicht. Lehrvideos, z.B. auf YouTube, sind einfach zugänglich, sie entziehen sich nicht mehr dem Urteil externer Betrachter, und sie gestatten, wie bereits in Abschnitt IV.1.1 erwähnt, die (virtuelle) Hospitation.

Und wenn ein Lehrvideo viele tausend Mal abgerufen wurde und sich die positiven Einschätzungen und Kommentare häufen, dann kann bei aller Vorsicht von einer gewissen Qualität ausgegangen werden.

Diese Art von Qualitätskontrolle ist bei traditionellen Lehrmaterialien nicht gegeben.

IV.3.2 Der Aufwand

Genau wie bei der Erstellung einer klassischen Lerneinheit (Abschnitt II.3.2) lässt sich der Aufwand für die Produktion digitaler Lehr- und Lernmaterialien nur schätzen. Dennoch wollen wir in der Folge den Vergleich versuchen.

Analog zur klassischen Lehre wird der Normalfall der sein, dass man nicht alle Materialien selbst erzeugt, sondern verschiedene Elemente des digitalen Gesamtpakets von dritter Seite als OER-Materialien bezieht. Das verringert natürlich den eigenen Entwicklungsaufwand.

Doch auch bei Verwendung von Fremdmaterialien ist eine angemessene Medienkompetenz, die sich nicht auf ‚die Schnelle' erlangen lässt, sondern über einen längeren Zeitraum erworben werden muss, Voraussetzung für den gesamten Entwicklungsprozess. Der für die Erlangung von „Medienkompetenz" und „Digitalem Know-How" erforderliche Aufwand kann zwar nicht in konkreten Zeiträumen ausgedrückt werden, sollte aber stets als genereller Faktor berücksichtigt werden.

Die Erzeugung der in Abschnitt II.2 als „Begleitende Lehr- und Lernmaterialien" bezeichneten Elemente dagegen nimmt bei einer entsprechenden Medienkompetenz nicht mehr Zeit in Anspruch als für die Erstellung klassischer Materialien aufgewendet werden musste. Auch das Zusammenstellen der verschiedenen Elemente zum ‚digitalen Gesamtpaket' ist zeitlich überschaubar: Verfügt man erst einmal über eine Webseite im hochschuleigenen LMS oder bei Drittanbietern, ist die Einbindung der einzelnen Komponenten leicht realisierbar.

Mit anderen Worten: Für ein ‚Lernpaket' bestehend aus Lehrvideos aus dem Internet und zusätzlichen selbst erstellten begleitenden Materialien kann ein ähnlicher Zeitaufwand wie für traditionelle Lehrmaterialien angesetzt werden: 8 bis 16 Stunden. Doch welchen zusätzlichen Aufwand muss man einkalkulieren, wenn man die Lehrvideos selbst erzeugen möchte? „Einen viel zu hohen!", antworten viele Lehrer auf diese Frage, ohne sich jemals mit dem Thema Videoproduktion auseinandergesetzt zu haben.

Dass das nicht stimmt, und dass die Produktion von Lehrvideos und der zusätzlich benötigten digitalen Elemente nicht die nahezu unüberwindbare Hürde für die Digitalisierung der Lehre ist, soll im folgenden Kapitel gezeigt werden. Die Produktion von Lehrvideos ist mittlerweile so einfach geworden, dass es eigentlich keine Argumente mehr gibt, es nicht selbst zu versuchen.

„Machen Sie sich keine Gedanken. Man benötigt keine großen technologischen Fertigkeiten, um heutzutage Videos zu produzieren." (Krueger, 2015)[40]

---

[40] Engl. Originalzitat: *"Don't worry about the technology. It doesn't take a lot of technological expertise to make a video these days."*

V Digitalisierung – Eine Anleitung

Ziel der Ausführungen in diesem Kapitel ist es, die Verfahren und Techniken der Digitalisierung der verschiedenen Elemente der Hochschullehre vorzustellen und zu erläutern.

Waren noch vor einigen Jahren umfangreiche Kenntnisse und Fertigkeiten erforderlich, die meist nur ein im Bereich Web-Entwicklung erfahrener Personenkreis besaß, ist es heute etwas Geschick fast Jedem möglich, mit nur wenigen Handgriffen und einer überschaubaren technischen Ausstattung selbst digitale Materialien zu erstellen. Es ist weder eine umfangreiche Hardware-Ausstattung zur Erzeugung von digitalen Lehr- und Lernmaterialien erforderlich, noch benötigt man Spezialkenntnisse als Web-Entwickler.

Konkretisieren wir noch einmal die digitalen Elemente für die Lehre: Komplexe multimediale Lehrszenarien einmal außer Acht lassend benötigen wir

- Lehrvideos als Träger für die Inhalte
- Webseiten mit
  - gereihten Leitfragen als „Default"-Lernpfad
  - zusätzlichen Übungsmaterialien (Practicals)
  - E-Assessments für die Überprüfung des Gelernten
  - Literaturhinweisen zur Vertiefung der Inhalte
  - weiteren Materialien, z.B. mit dem am Interaktiven Whiteboard entwickelten Content im PDF-Format etc.

sowie zusätzliche Elemente zur Kommunikation und zur Vertiefung der Inhalte.

Die für die Erstellung von Webseiten benötigten Kenntnisse zu vermitteln, ist nicht Ziel dieses Handbuches. Mit zahlreichen Tutorials und Lehrvideos, z.B. auch mit unserer eigenen Playlist „HTML and CSS Basics" [V27], können die benötigten Fertigkeiten heute mühelos erworben werden. Ziel dieses Kapitels ist primär die Beschreibung der Grundlagen der Produktion von Lehrvideos einschließlich ihrer Einbindung in bestehende Webseiten, nicht aber die Beschreibung der Erstellung von Webseiten selbst. Grundlegende HTML-Kenntnisse werden daher vorausgesetzt.

Befassen wir uns also mit der Produktion und Bereitstellung von Lehrvideos, dem zentralen Mittel für die Präsentation der Inhalte.

V.1 Die Produktion und Bereitstellung von Lehrvideos

Theoretisch reicht für die Produktion eines kurzen Videoclips mit ‚Lehrcharakter‘ ein Smartphone aus. Schon mit wenigen Handgriffen lassen sich kurze Videos erzeugen, die ohne besondere Vorkenntnisse auf öffentlichen Plattformen wie YouTube oder Facebook bereitgestellt werden können. Für die Lehre allerdings sind solche ‚Produktionen‘ aus verschiedenen Gründen eher ungeeignet.

Videos mit Smartphone oder Tablet-PC?
Mittlerweile lassen sich Videos bereits mit den modernen Smartphones oder Tablet-PCs im Office-Setting erzeugen. Da allerdings solche Videos in der Regel im „Freihand-Modus" ohne Stativ oder Kamerabefestigung aufgenommen werden, sind sie als oft nicht ‚ruckelfreie‘ wissenschaftliche Videos nur in Ausnahmefällen brauchbar.
Da zudem der Ton, der bei solchen Videos in der Regel mit dem integrierten Mikrofon aufgenommen wird, qualitativ im Vergleich zu anderen Videos stark abfällt, sollten Lehrvideos nur dann mit dieser Technik erzeugt werden, wenn keine Alternativen möglich sind, z.B. bei spontanen Sprecheraufnahmen vor Ort, beim Sport etc.

Doch wenn einfache ‚Smartphone-Produktionen‘ nicht ausreichen, müssen es denn in jedem Fall gleich ‚Hochglanzproduktionen‘ im Studio-Setting sein?

„Do I need it perfect or by Tuesday?"[41] hat Aaron Sams, einer der nordamerikanischen Hauptakteure des umgedrehten Unterrichts im Rahmen der ersten „Inverted Classroom" Fachtagung in Marburg im Jahre 2012 zu bedenken gegeben. Diese zentrale Aussage, die mittlerweile auch auf den T-Shirts der Firma Techsmith präsentiert wird (Abbildung V.I), soll zum Ausdruck bringen, dass es nicht die perfekte Videoproduktion ist, die es anzustreben gilt, sondern dass überhaupt erst einmal die ‚Hürde Videoproduktion' übersprungen werden muss.

Abb. V.1: Das zentrale Motto der Produktion von Lehrvideos [Q1]

Dennoch gibt es natürlich Situationen, in denen man möglichst professionelle Videos erzeugen möchte.

---

41   Deutsch: Soll das Video perfekt oder bis spätestens Dienstag fertig sein?

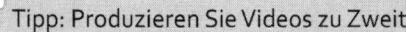

Tipp: Produzieren Sie Videos zu Zweit
Während einer Fachtagung an der eigenen Universität konnte ich bekannte Sprachwissenschaftler dazu bewegen, zusammen mit mir in Interviewform ein Lehrvideo zu ihrem jeweiligen Spezialthema zu produzieren (siehe Abb. V.7.b). Dazu waren eine sorgfältige Vorplanung sowie eine professionelle Durchführung erforderlich. Die resultierenden Videos waren nicht für eine spezielle Lehrveranstaltung und für einen bestimmten Zeitpunkt geplant („not by Tuesday'), sondern sie sollten möglichst gut gemacht sein.

Als erstes Fazit sollte man daher beachten: Video ist kein Nebenprodukt, sondern bildet in vielen Szenarien der digitalisierten Lehre deren Rückgrat, und sollte daher sowohl aus inhaltlicher als auch aus technischer Sicht stets gut durchdacht werden.

Video ist kein Nebenprodukt!
Nehmen Sie die Gestaltung von Videos ernst. Sorgen Sie stets für einen guten Ton sowie für gute Beleuchtung. Denken Sie bereits vor der Videoproduktion über den Einsatz des Videos und mögliche Verweise zu den übrigen Elementen Ihrer Lerneinheiten nach.

V.1.1 Hardwareanforderungen für die Videoproduktion

Bereits mit einer einfachen technischen Ausstattung, z.B. mit einem standardmäßig ausgestatteten Laptop mit integrierter Webcam und einem separaten Mikrofon, das notwendig ist, um bei Bedienung der Tastatur die entstehenden Geräusche nicht mit aufzunehmen, lassen sich die meisten Videoformate realisieren.

Tab. V.1: Grundausstattung für die Produktion von Lehrvideos

Gerät	Neupreis ab €
Computer (z.B. Laptop)	500,-
Externes (z.B. USB) Mikrofon	40,-
Software, z.B. Camtasia Studio	250,-

Da der dazu notwendige Betrag von weniger als 1.000 € problemlos von nahezu jedem Hochschullehrer aus seiner Mindestausstattung aufgebracht werden kann, sollte der Einstieg in die Videoproduktion ohne große Ausgaben möglich sein.

Entscheidet man sich jedoch für spezielle Videoformate, z.B. im Studio-Setting, sind zusätzliche Geräte erforderlich. Diese sind exemplarisch in Tabelle V.2 aufgeführt.

Tab. V.2: Optionale Zusatzausstattung

Gerät	Neupreis ab €
Separate digitale Videokamera	500,-
Interaktives Whiteboard	3.500,-
Studiobeleuchtung	750,-
Studiomikrofon	100,-
Mobiles (Kabel)-Mikrophon	50,-
Funkmikrofon	500,-
4-Kanal Audio-Mischpult	250,-
Weiteres Zubehör (z.B. Stative, Kabel)	200,-
Greenscreen	100,-
Teleprompter (einfach)	500,-
Teleprompter (integrierter Monitor)	1.500,-

So lassen sich mit einer separaten digitalen Videokamera, je nach Investition schlicht bessere Bilder aufnehmen als mit einer Webcam, und an einem interaktiven Whiteboard lässt sich das Schreibgefühl der traditionellen Lehre an einer Tafel zumindest optisch und bezogen auf die „handwerkliche Leistung" realisieren. Und mit kabellosen Funkmikrofonen ist man vor einer Tafel einfach beweglicher.

Will man noch professioneller arbeiten, sind ein Greenscreen oder auch ein Teleprompertsystem unverzichtbare Komponenten der fortgeschrittenen Videoproduktion.

So dient der Greenscreen zur flexiblen Gestaltung von Hintergründen. Dabei wird zunächst die Szene vor dem Greenscreen gefilmt, anschließend die grüne Farbe des Screens, die nicht Teil des Vordergrundes sein sollte, entfernt und die so bereinigte Kameraaufnahme in den Vordergrund eines selbst gewählten Hintergrundes gestellt (Abbildung V.2).

| Kameraaufnahme vor einem Greenscreen | Die freigestellte Kameraaufnahme vor einem neuen Hintergrund |

Abb. V.2: Die Greenscreen-Technik [Q8]

Mit einem Teleprompter-System, das allerdings zusätzlich mit einer passenden Kamera verbunden und auf ein spezielles Stativ montiert werden muss, kann der Blickkontakt mit dem Publikum bei gleichzeitigem Sprechen bzw. „Ablesen" von Texten intensiviert werden. Mit einem solchen „Studio-Setting" kann in E-Lectures, die ein Sprecherbild erfordern, die Interaktion mit dem Publikum durch einen ständig bestehenden Blickkontakt besser umgesetzt werden. Allerdings sind die Anschaffungskosten für eine derartige Ausstattung, wie in Tabelle V.3 gezeigt, nicht ganz unerheblich.

Tab. V.3: Optionale Zusatzausstattung für ein Teleprompter-System

Gerät	Neupreis ab €
Teleprompter (einfach)	500,-
Teleprompter (mit Monitor)	1.500,-
Videokamera für Teleprompter	3.000,-
Stativ für Kamera und Teleprompter	700,-
Tablet-PC	300,-

Abbildung V.3 zeigt das Teleprompter-System TP-300, das in ausgewählten E-Lectures des Autoren zum Einsatz kommt.

Abb. V.3: Das Teleprompter-System TP-300 mit Kamera und Stativ [Q5]

V.1.2 Software für die Videoproduktion

Die einfachste Form eines Lehrvideos ist eine Kameraaufnahme im
Office-Setting und die direkte Nutzung der aufgenommenen Datei
ohne spezielle Nachbearbeitung. Eine spezielle Software wird dafür
nicht benötigt.

Will man derartige Aufnahmen im HD-Modus vornehmen (High
Definition = 720 Bildzeilen) oder gar in höheren Auflösungen produzieren, müssen die z.T. proprietären Camcorder-Dateiformate,
z.B. das MXV-Format von Magix, ggf. über ein geeignetes Kon-
verter-Programm in ein spezielles internetfähiges Format, z.B. das
MP4-Format, umgewandelt werden. Leider sind die dafür im Internet kostenlos angebotenen Konverter-Programme nicht immer
zuverlässig, sodass die Anschaffung einer kommerziellen Software
empfohlen wird.

Tab. V.4: Software-Mindestausstattung

Software	Beispiel	Neupreis ab €
Video-Konverter	AVS-Konverter; Any Video Converter, etc.	45,-

Für die Nachbearbeitung von Kameraaufnahmen sowie für die Erzeugung und Bearbeitung von Screencasts werden weitere Programme benötigt. Dass sich auch dabei die Anschaffungskosten in Grenzen halten, zeigt die Auflistung in Tabelle V.5.

Tab V.5: Software zur Videobearbeitung

Software	Beispiel	Neupreis ab €
Screencast-Software (einfach)	Snagit	45,-
Screencast-Software (professionell)	Camtasia Studio	250,-
Videoschnitt-Software*	Adobe Premiere	295,-
Software für die Aufnahme und Bearbeitung von Audiodaten	Audacity	0,-

*z.T. im Lieferumfang der Kamera enthalten

Der Umgang mit den gelisteten Programmen ist recht einfach. Mit sehr guten Lehrvideos bietet z.b. die Firma Techsmith einen Rundum-Service zu ihren Programmen [INT5], und Lehrvideos zur frei verfügbaren Audiobearbeitungssoftware Audacity können ebenfalls im Internet gefunden werden, z.B. [V4].

V.2 Die Produktion von Lehrvideos

In den folgenden Abschnitten sollen nun die Typen von Lehrvideos, die in Kapitel III für die Hochschullehre als geeignet identifiziert wurden, ihre speziellen Anforderungen und der bei der Produktion entstehende Aufwand im Einzelnen diskutiert werden. Wie erwähnt, handelt es sich bei diesen Formaten primär um im

Office-Setting erstellte Macro- und Micro-Lectures, bei denen in geeigneten Fällen der Sprecher Teil des Videos ist. In Tabelle V.6 sind diese mit ihren Eckdaten erneut aufgeführt.

Tab. V.6: Geeignete Formate für Lehrvideos

Form	Setting	Spieldauer
Macro-/E-Lecture	Office oder Studio	bis zu 20 Minuten
Micro-Lecture	Office	<= sechs Minuten

In Abschnitt III.4 hatten wir ausgeführt, dass Videos, die im Classroom-Setting vor Publikum bzw. Videos, die mit aufwändiger Studiotechnik im Studio-Setting erzeugt werden, für die Lehre nur eine untergeordnete Rolle spielen. Daher können wir uns im Folgenden auf die Produktion von Videos im Office-Setting beschränken.

Die Abkehr von den im Classroom-Setting erzeugten Lehrvideos hin zu kürzeren E-Lectures oder Micro-Teaching-Videos kann in den großen Video-Portalen, z.B. in dem seit 2008 bestehenden Lehrvideoportal der Yale University, das mittlerweile mehr als 1.200 Lehrvideos anbietet, dokumentiert werden [INT15]. Wurden noch bis vor zwei Jahren nahezu ausschließlich LDLs in den YouTube-Kanal „YaleCourses" geladen, sind es seit 2013 fast nur noch E-Lectures oder Micro-Lectures, mithin Lehrvideos, die primär im Office-Setting erzeugt wurden und nur noch selten die 20-Minuten Grenze überschreiten.

V.2.1 Macro-Lectures im Classroom-Setting (E-Lectures)

Die am weitesten verbreitete Variante derartiger Lehrvideos ist die E-Lecture, eine vorab geplante Videoaufzeichnung ohne Publikum zu einem bestimmten Themenbereich. Sie bildet in vielen digitalisierten Lehrszenarien das Rückgrat der ‚neuen' Hochschullehre. Abbildung V.4 zeigt einen Ausschnitt aus der E-Lecture „Predicate Logic I", die wir in Abschnitt IV.1.2 als eine von zwei Basiskomponenten der gleichnamigen Lerneinheit empfohlen hatten.

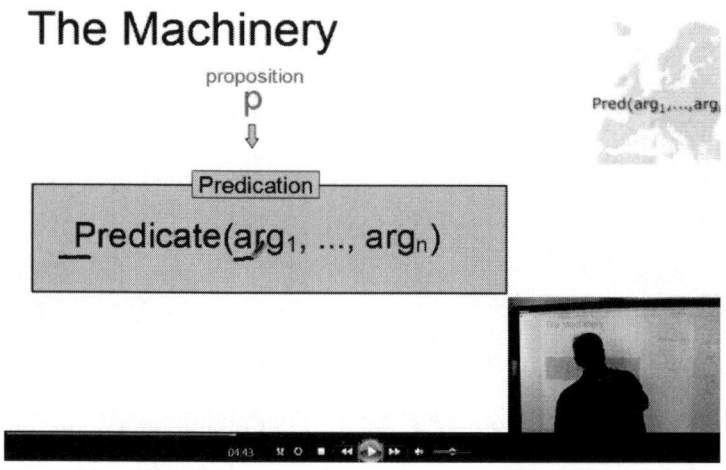

Abb. V.4: Die E-Lecture „Predicate Logic I" [V16]

Hauptkomponente einer E-Lecture ist der Screencast, d.h. das Festhalten aller während der Produktion der E-Lecture stattfindenden Bildschirmereignisse. Im einfachsten Fall sind dies die ‚Folien' einer Bildschirmpräsentation, alternativ kann es sich dabei auch um den Schreibvorgang per Stift auf einem Tablet-PC oder, wie in Abbildung V.4 dargestellt, um die Eingaben auf einem interaktiven Whiteboard handeln.

Je nach Aufwand kommt man bei der Produktion einer E-Lecture mit der Grundausstattung aus und benötigt lediglich einen Desktop-PC oder einen Laptop sowie ein externes Mikrofon. Die Bildschirmpräsentation kann dann z.b. über PowerPoint erfolgen.

Entscheidet man sich für die Hinzunahme des eigenen Bildes, genügt im einfachsten Fall die Webcam des Präsentations-PCs, in komplexeren Fällen bedient man sich externer Kameras.

Abbildung V.5 stellt eine E-Lecture mit einem Sprecherbild per Webcam dar, während in Abbildung V.4 das Sprecherbild mit einer separaten Kamera aufgezeichnet wurde.

   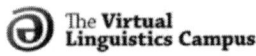

Multimedia on the Web

Class Description

Jürgen Handke, Philipps-Universität Marburg

Abb. V.5: Die E-Lecture „Multimedia on the Web" mit Webcambild [V22]

Während mit einer Webcam nur das unmittelbar am Computer stattfindende Geschehen erfasst werden kann, erlaubt eine stationäre Kamera einen größeren Bewegungsradius. Damit liegt der Vorteil der Nutzung einer externen Kamera auf der Hand: Man ist beweglicher, kann mehr zeigen, z.B. eine zweite Person, und das Video erhält mehr Dynamik.

Demgegenüber steht der höhere Produktionsaufwand bei der Nutzung einer externen Kamera: Zum einen müssen nun die entsprechenden Räumlichkeiten geschaffen werden, zum anderen müssen im Nachbearbeitungsprozess Kamerabild, Ton und Screencast synchronisiert werden.

In beiden Fällen ist eine sorgfältige Planung Voraussetzung für das Gelingen des Lehrvideos. Sowohl die Bildschirmpräsentation mit ihren verschiedenen Aktionen ist vorab sauber zu planen, als auch der dazu zu sprechende Text. Auch unter Beibehaltung des Mottos „Do I need it perfect …" sollte es Ziel sein, eine Präsentation möglichst fehlerfrei aufzunehmen. Da dies im Normalfall nur wenigen von uns gelingt, empfiehlt sich für eine E-Lecture die Anfertigung eines Skripts, das nicht nur den zu sprechenden Text enthält, sondern zusätzlich mit Markierungen für bestimmte Aktionen versehen ist.[42] Ob der Text dabei aus Stichpunkten oder vollständigen Sätzen besteht, hängt von eigenen Vorlieben ab. In jedem Fall sollte das Skript während der Aufnahme außerhalb des Sichtbereichs der Kamera (falls eine verwendet wird) so platziert werden, dass es jederzeit eingesehen werden kann. Als Ablageort empfiehlt sich ein Notenständer unterhalb der Kamera oder ein Beleuchtungsständer, an dem das Skript befestigt werden kann, auch der Tisch, an dem man während der Produktion der Aufnahme sitzt, eignet sich zur Skriptablage.

Abbildung V.6 zeigt den zum in Abbildung V.4 dargestellten Lehrvideo „Predicate Logic I" gehörenden Ausschnitt des zu Grunde liegenden Skripts.

Click The Machinery

The machinery that describes the internal structure of propositions is referred to as Predicate logic (~ 'predicate calculus' or 'first-order logic'). It shifts the focus from the logical relations that hold *emph* between sentences to those that hold *emph* within a sentence.

The idea: each proposition can be defined as a *1* predication. Predications consist of a *move* predicate (capitalized) and *undl* a set of arguments (small letters !!) and are to be read as follows: *writ* P(x) = "x is a P"

Click An Example

...

Abb. V.6: Ausschnitt aus dem Skript für die E-Lecture „Predicates I"

Das Skript enthält eine Mischung aus ausformulierten Sätzen und Stichpunkten sowie eine Reihe von hervorgehobenen, selbst definierten Instruktionen, die den Sprecher/Präsentierenden während der Videoaufzeichung an Aktionen erinnern sollen, die auf der interaktiven Tafel vorzunehmen sind (z.B. *1* = „Button #1 ankli-

---

[42]   Eine hilfreiche Anleitung für das Erstellen eines Skriptes befindet sich in Spencer (2012:160).

cken", *emph* = *„emphasize"*, *writ* = *„anschreiben"*, *move* = *„Gegenstand über den Bildschirm ziehen"* etc.).

Das Skript ist die Versicherung!

Das freie, fast fehlerfreie Sprechen vor einer laufenden Kamera ist nur wenigen Mitgliedern unserer Zunft gegeben. Nehmen Sie sich daher die Zeit für die Erstellung eines akribisch ausgearbeiteten Skripts und formulieren Sie die ‚schwierigen' Passagen sorgfältig aus. Dadurch vermeiden Sie Pausen, Versprecher oder auch inhaltliche Fehler.

Sollten Sie dennoch während der Videoproduktion einen Fehler gemacht haben und diesen bemerken, verharren Sie in der Ausgangsposition möglichst ohne Wackler, wiederholen Sie den Satz oder die Passage und schneiden den Fehler später bei der Nachbearbeitung der Produktion heraus.

Neben dem zugegebenermaßen hohen Aufwand für die Erstellung des Skripts für eine E-Lecture muss natürlich auch noch die Präsentation selbst erstellt werden. Und hier gilt das gleiche Prinzip wie bei klassischen Präsentationen: Textlastige Folien, das Ablesen von Folien oder unsinnige Animationen sind unbedingt zu vermeiden (vgl. Handke, 2014a:147). Eine vernünftige Kombination von vorgefertigten und während der Präsentation durch Anschrieb zu ergänzenden Elementen erzeugt eine höhere Dynamik und simuliert eine ‚virtuelle' Interaktion mit dem späteren Betrachter des fertigen Lehrvideos.[43]

Die für eine E-Lecture erforderliche technische Mindestausstattung und die benötigten Komponenten zur Durchführung der Aufnahme sind in Tabelle V.7 zusammengefasst.

---

[43]   Das bei öffentlichen Lehrmaterialien zusätzlich entstehende Urheberrechtsproblem wird in Kapitel VI erneut aufgegriffen.

Tab. V.7: Technik und Bestandteile einer E-Lecture

Technik	Hardware	Digitale Videokamera mit integriertem Mikrofon; Laptop/PC
	Software	Screencast-Software (professionell); Video-Konverter
Komponenten	Skript	gut ausgearbeitetes Skript
	Präsentation	durchgeplante Präsentation

Am Ende des Produktionsprozesses steht eine Videodatei im MP4-Format, die veröffentlicht werden kann, z.b. im eigenen YouTube-Kanal (siehe Abschnitt V.4).

Wie bereits erwähnt ist der Aufwand für die Produktion einer E-Lecture recht hoch. Für eine 15-minütige E-Lecture entsteht je nach Verfügbarkeit der für das Skript und die Präsentation benötigten Komponenten (Texte, Bilder, Animationen, etc.) ein Aufwand, der sich von einigen Stunden bis zu mehreren Tagen erstrecken kann.

Für die in Abbildung V.4 dargestellte E-Lecture „Predicate Logic I", bei der die Inhalte über das ActivBoard präsentiert und während der Aufnahme bearbeitet bzw. dynamisch ergänzt wurden und zusätzlich die Aufnahme einmal geprobt wurde, entstand der in Tabelle V.8 dargestellte Aufwand.

Tab. V.8: Aufwand bei der Erstellung der E-Lecture „Predicate Logic I"

Aktivität	Aufwand (Std.)
Erstellung der Präsentation	4
Erstellung des Skripts	2
Aufnahmeprobe	¼
Aufnahme	¼
Nachbearbeitung	1
Upload und Einbindung	½
Gesamtaufwand	8

Dabei stellen die Produktion der Aufnahme, deren Nachbearbeitung und die benötigte Zeit zum Hochladen und zur Einbindung des Videos in eine Webseite noch den geringste Aufwand dar.

Der größere Aufwand bei einer E-Lecture entsteht durch das Skript und die Präsentation. Während man bei der Skripterstellung möglicherweise auf bereits vorhandene eigene Texte zurückgreifen kann, muss bei der Präsentation genau darauf geachtet werden, dass es zu keinerlei Copyright-Verletzung kommt. In der Präsentation verwendete Bilder müssen entweder zur nicht-kommerziellen Wiederverwendbarkeit gekennzeichnet sein, oder man muss sie selbst erstellen.[44]

Auch wenn der Aufwand so gering wie möglich gehalten werden soll, muss auf größtmögliche wissenschaftliche Präzision geachtet werden: Wird das fertige Lehrvideo auf öffentlichen Plattformen bereitgestellt, werden die darin präsentierten Inhalte transparent und stellen sich einer globalen Begutachtung – und die soll vermutlich positiv ausfallen.

Doch lohnt sich dieser Aufwand überhaupt?

Zur Beantwortung dieser Frage müssen zwei Parameter im Zusammenhang mit E-Lectures betrachtet werden:

• die ‚Verfallszeit‘,
• der ‚Entlastungsfaktor‘.

Genau wie die Inhalte einer klassischen Lerneinheit müssen auch Lehrvideos regelmäßig aktualisiert werden. Kleimann (2008:50) setzt z.B. als sog. ‚Halbwertszeit‘ für eine Vorlesungsaufzeichnung, also für eine LDL, einen Zeitraum von drei Jahren an, d.h. jeweils nach sechs Semestern sollte eine bereits bestehende LDL neu aufgezeichnet werden. Schaut man sich auf den mittlerweile an vielen Hochschulen existierenden Portalen für Vorlesungsaufzeichnungen um, findet man allerdings Videos vor, die diesen Zeitraum seit vielen Jahren überschritten haben.

---

[44] Zur lizenzfreien Nutzung von Bildern siehe: http://www.bildersuche.org/kostenlose-bilder-lizenzfreie-fotos.php

Darüber hinaus ist der Turnus für die Aktualisierung von Lehrvideos inhalts- und fachspezifisch. Während ein Lehrvideo zu einem in sich geschlossenen und inhaltlich verstetigten Thema wie „Prädikatenlogik" viele Jahre überdauern kann, sind Videos zu aktuellen wissenschaftlichen Entwicklungen, egal in welchem Format, in sehr kurzen Abständen an die neuesten Forschungsergebnisse anzupassen. Aufgrund der eigenen Erfahrungen mit den für das Gebiet der Sprachwissenschaft erzeugten Lehrvideos erscheint eine durchschnittliche Verfallszeit von drei Jahren realistisch, d.h. spätestens alle drei Jahre sollten vorhandene Lehrvideos, die sich auf jüngere Forschungsergebnisse beziehen, aktualisiert werden.

Bezüglich des ‚Entlastungsfaktors', also dem Verhältnis zwischen der Videodauer und der Zeit, die man benötigt, um die gleichen Inhalte im Rahmen einer Lehrveranstaltung vor Publikum vorzutragen, können ebenfalls nur Schätzwerte angenommen werden. Allgemein erscheint ein Faktor von zwei bis drei realistisch: Für die Vermittlung der Inhalte, die in den beiden jeweils ca. 15-minütigen Videos zur Prädikatenlogik (siehe Tabelle IV.2, S. 98) vorgetragen werden, wurde im klassischen Szenario mit mindestens 60 Minuten die doppelte Zeit benötigt.

Doch dieser Faktor kann erheblich variieren. So kann das Video an Kompaktheit noch hinzugewinnen, wenn z.b. das Schreibtempo auf einem Tablet-PC bei der Videobearbeitung erhöht und mit den typischen Effekten von „Video Scribes" gearbeitet wird (siehe Abschnitt V.2.3), oder wenn auf Schreibaktionen verzichtet wird und an Stellen, wo es möglich und sinnvoll erscheint, eine eher ergebnisorientierte Präsentation nach dem Prinzip „Einblenden statt Anschreiben" aufgezeichnet wird.

Auf der anderen Seite kann auch die für die in klassischen Lehr-/Lernszenarien vorab kalkulierte Dauer einer Präsentation variieren. Schließt man nämlich auch die verschiedenen Störfaktoren, die eine Präsenzpräsentation beeinflussen können, mit ein, z.b. technische Probleme, Zwischenfragen, etc., kann es passieren, dass die vorab geplante Zeit für die Präsentation gar nicht ausreicht.

Der ‚Entlastungsfaktor' kann also erheblich variieren, und durch die zusätzlichen Variablen wie Kompaktheitsgrad der E-Lecture und Störfaktoren in der Präsenzphase wird ein eher höherer ‚Entlastungsfaktor' als der bisher angenommene Faktor zwei wahrscheinlich.

In jedem Fall können wir mit den beiden Schätzwerten „Verfallszeit" und „Entlastungsfaktor" eine Kalkulation des Aufwandes versuchen.

Ausgehend von einer durchschnittlichen, in jedem Fall fachspezifischen Verfallszeit eines Lehrvideos von ca. drei Jahren und einem Entlastungsfaktor von zwei entsteht angesichts des in Tabelle V.8 aufgeführten Entwicklungsaufwandes von acht Stunden zunächst einmal ein deutlicher Mehraufwand bei der Überführung einer klassischen Lerneinheit in eine E-Lecture.

Wird diese Lerneinheit allerdings mehrfach verwendet, z.B. in zwei aufeinanderfolgenden Jahren jeweils zwei Mal pro Jahr, ist der kalkulierte Produktionsaufwand bereits zur Hälfte kompensiert worden. Zusätzlich entfällt während des Nutzungszeitraums eines Lehrvideos die erneute Vorbereitung auf die Inhaltspräsentation im Unterricht, wenngleich man auch als Videoproduzent nach einiger Zeit einen Blick in die eigenen Videos werfen muss, um sich an das Präsentierte zu erinnern. Produktionsaufwand und Entlastung halten sich bei dieser Berechnung also die Waage.

Wird das Video nach einigen Jahren überarbeitet, geht es schneller. Skripterstellung und das Anfertigen der Präsentation sind nun zügiger erledigt. Man greift auf Bewährtes zurück und ändert oder ergänzt weitere Passagen. Aufwand und Nutzen dürften sich nun die Waage halten.

Der größte Mehrwert allerdings entsteht in der Präsenzphase. „Free your Lecture" hieß das Motto einer E-Learning-Fachtagung an der TU Darmstadt im Jahr 2011, als man schon damals erkannte, welches Potenzial die Herauslösung von Inhalten aus der Präsenzphase in sich birgt. Dieser Mehrwert, der durch eine neue, nicht mehr primär der Inhaltsvermittlung gewidmeten Präsenzphase gekennzeichnet ist, bildet neben einer der Alltagswirklichkeit entgegenkommenden Präsentationsform von Inhalten das Hauptargument für die Bereitstellung von Inhalten per E-Lecture.

Und eines sollte man auch nicht vergessen: Wird eine einmal erstellte E-Lecture von dritter Seite genutzt, verringert sich dort der Aufwand beträchtlich. Viele der im linguistischen YouTube-Kanal „The Virtual Linguistics Campus" angebotenen E-Lectures haben mittlerweile Eingang in die Lehre von anderen Hochschulen gefunden und dort voraussichtlich zu einer Entlastung des Lehrpersonals geführt. Von dieser Entlastung spürt man außer einer gelegentlichen Anerkennung durch die Drittnutzer als Videoproduzent zwar nichts, allerdings entstehen so bisweilen neue Kooperationen mit anderen Videoproduzenten, durch die sich möglicherweise der eigene Aufwand verringern lässt.

V.2.2 E-Lecture Varianten

Die einfachste Form einer E-Lecture ist eine schlichte PowerPoint-Präsentation, eine E-Lecture-Variante, die allerdings in manchen Fächern, z.B. in der Mathematik, eher nicht in Frage kommt (Loviscach, 2012:32). Übertragen auf andere Fächer heißt das, dass man überall dort, wo der Tafel- bzw. Bildschirminhalt während der Präsentation in Echtzeit dynamisch entsteht, von statischen Präsentationen Abstand nehmen und alternative Video-Formate produzieren sollte (siehe Abschnitt V.2.3).

Werden dennoch reine Präsentationen benötigt, sollten diese bei Videoproduktionen stets so gestaltet werden, dass dabei in Echtzeit ein Bildschirminhalt entsteht und das Publikum bei diesem Entwicklungsprozess möglichst intensiv mit eingebunden wird. Das erreicht man durch die Kombination von digitalem Tafelanschrieb und Sprecherbild.

Die Dynamik des Tafelanschriebs kann dabei optimal über ein Interaktives Whiteboard, alternativ aber auch über einen Tablet-PC mit Stifteingabe realisiert werden. Durch die zusätzliche Integration des Sprecherbildes kann auch in eher statischen Phasen der Präsentation durch Gestik und Mimik für eine erhöhte Dynamik gesorgt werden (vgl. Schwan, 2014: 12:00 bis 12:41). Das allerdings erhöht den Produktionsaufwand.

Videos, die ohne Sprecherbild auskommen, erleichtern die Produktion, zumindest, was den zu sprechenden Text anbetrifft, erheblich: Der Text kann dann nämlich vorab geschrieben und entweder während der Videoproduktion abgelesen oder unabhängig vom Video aufgenommen und als separate Tonspur später hinzugefügt werden. Dadurch lassen sich Versprecher vermeiden, und Lehrenden, die Schwierigkeiten mit der freien Textproduktion in Aufnahmesituationen haben, kann zumindest eine Hürde bei der Erzeugung von Videos genommen werden: Sie müssen nicht mehr vor eine Kamera treten.

Entscheidet man sich für die Hinzunahme des Sprecherbildes entstehen folgende Möglichkeiten. Der Lehrende erscheint

a) im Vollbildmodus vor einem festen Hintergrund

b) im Vollbildmodus vor einem austauschbaren Hintergrund

c) im Bild-im-Bild Modus vor einem festen Hintergrund

d) im Bild-im-Bild Modus vor einem austauschbaren Hintergrund

Abbildung V.7 zeigt die genannten Varianten, wobei die Varianten b) und d) den Einsatz der „Greenscreen-Technik" erfordern. Bei diesem Verfahren wird das Video vor einem grünen Hintergrund aufgenommen, der später durch eine reale Filmaufnahme (beispielsweise durch einen Landschaftsfilm) oder eine Grafik ersetzt wird.[45]

---

[45]   Die Anschaffungskosten für einen ca. 10 qm großen Greenscreen mit höhenverstellbarem Stativset sind mit weniger als 100,- € überschaubar.

Beispiel	Sprecher
	a) Vollbildmodus vor einem festen Hintergrund Quelle: V19
	b) Vollbildmodus vor einem austauschbaren Hintergrund (Greenscreen-Technik erforderlich) Quelle: V20
	c) Bild-im-Bild vor einem festen Hintergrund Quelle: V21
	d) Bild-im-Bild vor einem austauschbaren Hintergrund (Greenscreen-Technik erforderlich) Quelle: V20

Abb. V.7: Sprecherbilder im Office-Setting

Doch es gibt noch weitere Möglichkeiten der Sprechereinbindung. Den bisher vorgestellten Videotypen liegt die Idee zu Grunde, dass jeweils ein Einzelner die Inhaltsvermittlung vornimmt – genauso wie das im klassischen Unterricht der Fall ist. Durch die Hinzunahme weiterer Personen können Inhalte über Frage-Antwort-Szenarien oder Zwiegespräche vermittelt werden. Das Video wird dadurch lebhafter und kann, als zusätzlicher Effekt, ‚entpersonalisiert‘ werden. Dadurch wird möglicherweise die Nutzung des Videos durch Dritte erleichtert.

Wird ein Video mit mehreren Sprechern aufgenommen, gibt es verschiedene Möglichkeiten (siehe Abbildung V.8):

a. Die Sprecher sind gleichrangig und vermitteln den Inhalt über ein wechselseitiges Frage-Antwort-Geschehen.

b. Die Sprecher haben unterschiedliche Ränge: Ein Sprecher fragt, der andere antwortet.

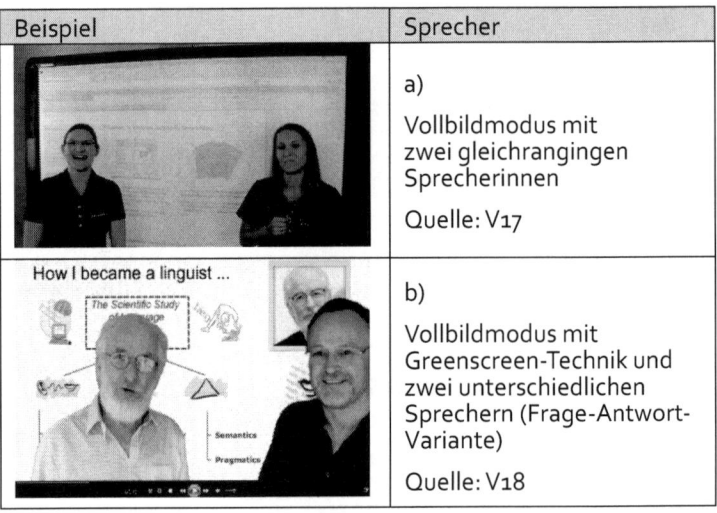

Beispiel	Sprecher
	a) Vollbildmodus mit zwei gleichrangingen Sprecherinnen Quelle: V17
	b) Vollbildmodus mit Greenscreen-Technik und zwei unterschiedlichen Sprechern (Frage-Antwort-Variante) Quelle: V18

Abb. V.8: E-Lectures mit mehreren Sprechern

Aus Sicht des eigenen Faches, der Linguistik, wird die Hinzunahme des Sprecherbildes in E-Lectures empfohlen. Durch seine Gestik und Mimik kann der Sprecher die statischen Phasen einer Präsentation beleben. Darüber hinaus sollte eines nicht vergessen werden: Lehrende, die auch in traditionellen Lehrformaten als Lehrer zu überzeugen vermögen, können dies in Lehrvideos auch. Mit ihrer Vortragstechnik und ihrer Ausstrahlung können sie entscheidend zum Erfolg einer E-Lecture beitragen. Das in Abbildung V.8.b dargestellte Interview-Lehrvideo im Vollbildmodus, das in nur wenigen Monaten viele Tausend Klicks verbuchen konnte und ausschließlich exzellente Beurteilungen erhalten hat, ist ein sehr gutes Beispiel dafür.

Eine abschließende Klärung pro oder kontra Sprecherbild ist an dieser Stelle allerdings nicht möglich. Erst durch die detaillierte Untersuchung des Nutzerverhaltens beim Schauen von Lehrvideos, z.B. durch die Erforschung von Augenbewegungen über Eye-Tracking-Verfahren in Verbindung mit der Messung von Behaltensleistungen, kann hier mehr Klarheit geschaffen werden.

V.2.3 Micro-Lectures

Von einem erheblich geringeren Aufwand als bei E-Lectures kann man bei den bis zu maximal sechs Minuten langen Micro-Lectures ausgehen. Allein schon durch ihre Kürze verringert sich der Produktionsaufwand: Es ist ein erheblich einfacheres Skript notwendig (wenn denn überhaupt eines angefertigt und benötigt wird), und auch der Präsentationsanteil umfasst nur wenige Bildschirminhalte.

Da desweiteren in den meisten Micro-Lectures aufgrund ihrer hohen Dichte auch nur selten das Bild des Dozenten benötigt wird, reicht in der Regel ein einfacher Screencast aus. So lässt sich mit Micro-Lectures unter anderem ein fachspezifisches Videoglossar realisieren. Das heißt, man kann inhaltlich relevante Definitionen per Video bereitstellen, außerdem können Aufgaben mit zusätzlichen Erläuterungen per Video gestellt werden, oder man kann dynamische, handschriftliche Erklärungen per Video produzieren. Der Vielfalt sind bis auf die Spieldauer von Micro-Lectures keine Grenzen gesetzt.

Abbildung V.9 stellt einige Beispiele dieser kurzen Lehrvideos dar.

Beispiel	Sprecher
	**a.** **Format**: Kameraaufnahme **Requisiten**: Stift, Papier und ausgewählte Gegenstände **Einsatzart**: Musterlösung **Länge**: 1:09 **Kennung**: *minimal_distance* **Software**: keine
	**b.** **Format**: Kameraaufnahme **Requisiten**: Stift, Papier **Einsatzart**: kurze Aufgabenstellung **Länge**: 1:35 **Kennung**: *pde_phonology* **Software**: keine
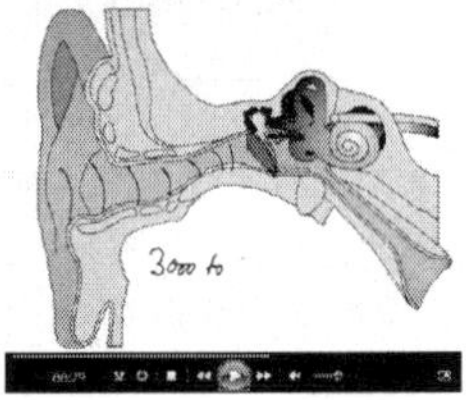	**c.** **Format**: Screencast **Technik**: digitale Grafik, Tablet-PC mit Stifteingabe **Einsatzart**: kurze Erklärung eines Diagramms **Länge**: 0:43 **Kennung**: *hearing* **Software**: einfaches Malprogramm, einfache Screencast-Software
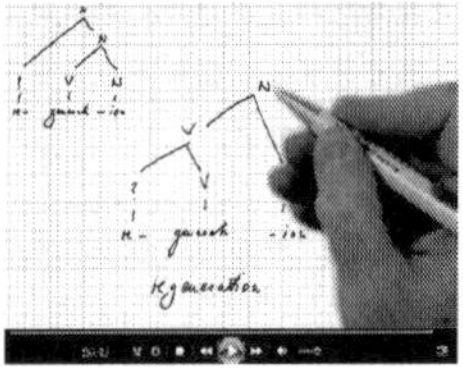	**d.** **Format**: Screencast **Technik**: Tablet-PC mit Stifteingabe **Einsatzart**: Dynamische Diagrammentwicklung **Länge**: 0:45 **Kennung**: *regeneration* **Software**: einfaches Malprogramm, Screencast-Software

Abb. V.9: Micro-Lectures – eine Auswahl, Quelle jeweils: V0

Bei all den in Abbildung V.9 gezeigten Micro-Lectures hält sich der Produktionsaufwand in Grenzen. Wie in Tabelle V.9 gezeigt, sind sowohl Personal- als auch Hard- und Softwareeinsatz überschaubar.

Tab. V.9: Technik und Bestandteile einer Micro-Lecture

Technik	Hardware	Laptop/PC, externes Mikrofon
	Software	Screencast-Software (professionell); Audiobearbeitungsprogramm
Komponenten	Skript	kurzes Skript
	Präsentation	kurze Präsentation oder Erklärung per Stifteingabe

Da mittlerweile auch die benötigte Software problemlos zu bedienen ist, bedarf es auch keiner gesonderten Einarbeitung in die jeweiligen Produktionstools. Jeder Hochschullehrer sollte schon nach kurzer Einarbeitungszeit in der Lage sein, die benötigten Micro-Lectures für sein Fach ohne zusätzlichen Personalaufwand zu erstellen.

Der Mehrwert von Micro-Lectures ist nicht zu unterschätzen. So können z.B. Musterlösungen oder Aufgabenstellungen per Kameraaufnahme (Abbildung V.8.a. und b.) wesentlich plastischer übermittelt werden, als dies über klassische, rein textuelle Formate möglich wäre. Videobasierte Erklärungen von Diagrammen (V.8.c.) sind aussagekräftiger als statische Grafiken mit festen Beschriftungen, und mit Video Scribes, wie in Beispiel V.8.d. gezeigt, sind besonders kompakte Erklärungen möglich, insbesondere dann, wenn man die Schreibgeschwindigkeit im Nachhinein erhöht und mit der Sprechgeschwindigkeit nachträglich synchronisiert. Durch diese Technik lassen sich besonders kompakte Micro-Lectures erzeugen.

Video Scribes
In einem Video Scribe (bisweilen in Anlehnung an die Videos in der Khan-Academy auch Khan-Style-Video" genannt [INT13]), wird ein handschriftlicher Screencast aufgenommen und während des Schreibvorganges oder nachträglich ein zusätzlicher Kommentar gesprochen.

Eine Micro-Lecture als Video Scribe mit nachträglich gesprochenem Text wird wie folgt erzeugt:

Schritt 1: Erzeugen des „Scribes"

Zunächst wird auf einem Tablet-PC mit Stifteingabe oder an einem interaktiven Whiteboard der gewünschte Text, die Berechnung, das Diagramm etc. im Normaltempo erzeugt und während der Eingabe ohne Ton als Screencast abgegriffen. Mit Programmen wie Camtasia Studio lässt sich dabei zusätzlich eine vorab fotografierte und später freigestellte Hand als Cursor einbinden.

Schritt 2: Sprechen des Textes

Danach wird der vorab geplante Text gesprochen und per Audiobearbeitungsprogramm aufgenommen. Da bei Video Scribes ein Sprecherbild nicht notwendig, bisweilen sogar eher hinderlich ist, kann der Text, ohne vor eine Kamera treten zu müssen, vollständig abgelesen, nicht allerdings ‚herunter geleiert' werden.

Schritt 3: Synchronisierung von Screencast und Audio

Anschließend wird die Audiodatei mit dem gesprochenen Text in den Screencast importiert. Durch Aufspalten des Screencasts in Einzelstücke und Veränderung der Abspielgeschwindigkeit der einzelnen Blöcke können dann Audio- und Videospur synchronisiert werden. Und da in der Regel die Audiodatei viel kürzer als der Screencast ist (die Sprechgeschwindigkeit ist fast immer höher als die Schreibgeschwindigkeit), bekommt das fertige Produkt eine sehr hohe Dynamik. Dabei sollte allerdings stets die inhaltliche Komplexität im Auge behalten werden: Eine zu hohe Abspielgeschwindigkeit kann mitunter den gewünschten Lerneffekt sogar negativ beeinflussen.

Der Produktionsaufwand für eine Micro-Lecture als Video Scribe ist nur unwesentlich höher als für eine „live" erzeugte Variante. Das Ergebnis allerdings rechtfertigt in jedem Fall den Aufwand.

Bei allen Micro-Lecture-Varianten entsteht, wie bereits erwähnt, je nach Produktionsart ein nicht unerheblicher Mehrwert, der sich am deutlichsten auf die Präsenzphase auswirkt. Für ein nicht einmal einminütiges als Video Scribe produziertes Erklärvideo, wie in Abbildung V.8.d. gezeigt, würden im klassischen Unterricht bis zu zehn Minuten anzusetzen sein: ca. fünf Minuten für den aus Grafik und Text bestehenden Tafelanschrieb und ca. fünf Minuten für Erläuterungen und Rückfragen, mithin also ein Entlastungsfaktor von ca. zehn.

Verknüpft mit den jeweiligen Lerneinheiten oder auch als separate Linklisten für die Kursteilnehmer entsteht durch die Hinzunahme von Micro-Lectures durch deren Kompaktheit nicht nur ein großer inhaltlicher Mehrwert sondern auch ein beträchtlicher Freiraum in der Präsenzphase.

V.2.4 Zusammenfassung – Produktion von Lehrvideos

Durch die Kombination von E-Lectures und verschiedenen Micro-Lecture-Varianten lässt sich mit einem überschaubaren Kostenaufwand in kurzer Zeit ein Pool von Lehrvideos erstellen, der nicht nur große inhaltliche Mehrwerte garantiert, sondern mittel- und langfristig zu einer großen Entlastung der Präsenzphase führen kann, da die so gewonnene Zeit nun für weiterführende inhaltliche Aktivitäten zur Verfügung steht.

Um den im Zeitalter der Digitalisierung aufgewachsenen Studenten einen möglichst flexiblen Zugang zu den digitalen Lehrmaterialien zu gewährleisten, ist allerdings noch eine entscheidende Frage zu lösen, der wir uns im folgenden Abschnitt widmen wollen: „Wohin mit den Videos?"

V.3 Wohin mit den Videos?

Am Ende des Produktionsprozesses steht in der Regel eine Videodatei im MP4-Format, ein Container-Format, in dem multimediale Inhalte in Form von mehreren Audio- und Videospuren sowie Untertitel, 2D- und 3D-Grafiken abgespeichert werden. Derartige Dateien bzw. Inhalte lassen sich mit Hilfe geeigneter Software lokal abspielen oder über ein Netzwerk gleichzeitig übertragen und wiedergeben, im Fachjargon „streamen" (dt. „strömen") genannt.

Es gibt mehrere Möglichkeiten, eine Videodatei bereitzustellen. So verfügen mittlerweile viele Hochschulen über spezielle hochschuleigene Videoportale, in denen Lehrende ihre Videos ablegen können. Auch wenn die in den hochschuleigenen Portalen enthaltenen Lehrvideos – zumindest wenn sie ohne Zugangsbeschränkungen abgerufen werden können – die Transparenz der Hochschullehre erhöhen und damit auch eine erweiterte Qualitätssicherung gemäß den in Abschnitt IV.3.1 diskutierten Prinzipien zulassen, hat diese Art der Videobereitstellung doch einige Nachteile: Außer der Ablagemöglichkeit für Lehrvideos gibt es im Vergleich zu öffentlichen Videoportalen wie z.B. YouTube nur wenige Zusatzoptionen.

Bereits 2012 hat Jörn Loviscach, einer der bekanntesten deutschen ‚YouTube-Professoren‘, zahlreiche Alleinstellungsmerkmale von YouTube aufgelistet und sich klar für YouTube als Plattform für Lehrvideos ausgesprochen, vorausgesetzt, man strebt eine maximale Transparenz an und die *„Videos sind für die ganze Welt gedacht"* (Loviscach, 2012:31). Die wichtigsten Vorteile von YouTube sind:

- die öffentlichen Bewertungsmöglichkeiten,
- die Kommentarfunktionen,
- die Untertitelfunktion,
- die Nachbearbeitungsoptionen (Anmerkungen, Untertitel, etc.),
- die umfangreichen Videostatistiken,
- Möglichkeiten des „Seeding" (dt. Aussäen, Verbreiten) und „Branding" (dt. Markenbildung),
- die einfache und flexible Art der Videobereitstellung.

Zusätzlich gibt es noch die Möglichkeit mit Videos auf YouTube als „YouTube-Partner" ‚Geld zu verdienen‘. Dabei wird ein Video mit Werbung verknüpft, und ein Anteil des Umsatzes aus den mit dem

Video verknüpften Anzeigen, der generiert wird, wenn Nutzer sich das Video ansehen, an den Kanalinhaber ausgeschüttet.

Monetarisierung von Lehrvideos?
Im Rahmen der YouTube-Partnervereinbarung gibt es keine Garantien in Bezug auf die Höhe oder den Erhalt von Zahlungen, sodass nach den Aussagen vieler Bloginhaber der Betrag je nach Videomachart und Werbung zwischen 20 US Cent und drei US Dollar pro 1.000 Videoaufrufen schwanken kann.
Ausgehend von einem in zahlreichen Kommentaren genannten Mittelwert von 50 US Cent pro 1.000 Klicks als Berechnungsgrundlage hätte das mit fast 100.000 Klicks erfolgreichste Lehrvideo im Kanal des Autoren nach ca. zwei Jahren gerade einmal 50 US Dollar eingebracht. Und auch der seit 2008 existierende große YouTube-Lehrvideokanal der Yale University mit mehr als 31 Millionen Videoaufrufen käme bei dieser Berechnung gerade einmal auf ca. 15.000 US Dollar an Werbeeinnahmen.
Doch nicht nur die Geringfügigkeit der möglichen Einnahmen (Nur selten überschreiten wissenschaftliche Lehrvideos die Millionen-Klick-Grenze), sondern auch die wissenschaftliche Seriosität, sprechen gegen eine Monetarisierung wissenschaftlicher Lehrvideos. Denn vermutlich verringert eine einem wissenschaftlichen Lehrvideo vorgeschaltete Anzeige die oft ohnehin geringe „Attention Time" noch zusätzlich.

Doch auch ohne Monetarisierung liegen die Vorzüge von YouTube im Gegensatz zu den vielfach durch Passwörter geschützten hochschuleigenen Videoportalen auf der Hand, wobei die Tatsache, dass YouTube als Teil von Google auch Teil der größten Suchmaschine ist und somit für eine optimale Bekanntheit von Videos sorgen kann, mit ins Gewicht fällt. Um diese Verbreitung zu optimieren, im Fachjargon „Video-Seeding" (dt. „das Video aussäen") genannt, stehen auf YouTube zahlreiche benutzerfreundliche Optionen bereit. Bereits beim Hochladen eines Videos kann man dem Video sogenannte „Tags" (dt. hier „Schlüsselwörter") beifügen, mit denen die eigenen Videos besser gefunden werden können. Zusätzlich besteht die Option, dem Video ein eigenes Vorschaubild hinzuzufügen und mit einem Kommentar nicht nur den Inhalt des Videos zu erläutern, sondern auch Internetverweise auf eigene Webseiten in ein Video einzubauen.

Am interessantesten sind sicherlich die über den „Video-Manager" verfügbaren Bearbeitungsmöglichkeiten, die nicht nur Video- und Audiooptionen umfassen, sondern auch die bereits erwähnten Möglichkeiten, Anmerkungen und Untertitel einzubauen. Mit den Anmerkungen lassen sich nicht nur Fehler korrigieren (indem man entsprechende Kommentare einbaut), sondern auch Verlinkungen zu anderen Videos herstellen oder eigenständige Webseiten aufrufen, und die Untertitel können für eine große Verbreitung von Videos sorgen.

Darüber hinaus verfügt YouTube noch über eine Reihe von Parametern, mit denen der Abspielvorgang von Videos beim Einbetten in andere Webseiten beeinflusst werden kann.

Von diesen Optionen wird im folgenden Abschnitt die Rede sein.

V.4 Videos auf eigenen Webseiten

Die Ausführungen in diesem Abschnitt wenden sich an diejenigen Leser dieses Handbuches, die ihre Webseiten entweder „von Hand" erstellen, d.h. sie nutzen weder ein Content-Management System à la ILIAS, OLAT, Moodle, etc., noch setzen sie Webseiten-Generatoren wie z.B. Wordpress ein.

Zielgruppe sind somit all diejenigen, die aktiv in den HTML-Code ihrer Webseiten eingreifen können und wollen. Das erfordert zwar gewisse Kenntnisse im Umgang mit HTML, der Auszeichnungssprache zur Strukturierung und Gestaltung von Webseiten, erlaubt auf der anderen Seite aber die flexible Integration eigener gestalterischer Ideen.

Voraussetzung für das Verständnis der folgenden Abschnitte sind daher Grundkenntnisse im Umgang mit HTML5, der aktuellen Version von HTML.

V.4.1 Videoaufruf per Hyperlink

Der einfachste Weg, eine Webseite aufzurufen, verzweigt per Hyperlink auf eine andere Webseite und wird über den „Anchor"-Tag (dt. Anker-Element) realisiert:[46]

```
1: <a
2:    href="[webseite]"
3:    target="[Ziel]">
4:    [anklickbares Element]
5: </a>
```

Dabei wird über das Attribut *href* (Hyper Reference) die Web-Adresse des zu ladenden Dokuments definiert (2), mit dem optionalen Attribut *target* wird das Zielfenster bestimmt (3), und zwischen den

---

[46] Die Zahlen vor jeder Zeile sind nicht Teil des HTML-Codes, sondern sie dienen im Rahmen dieser Anleitung zur Referenzierung bei der Erklärung des Codes, der normalerweise in einer Zeile steht.

Anchor-Tags <a>...</a> steht das anklickbare Element, meistens ein Text (4).

Ein typisches Beispiel für einen solch einfachen Hyperlink ist ein Verweis auf eine andere Webseite, z.B. auf das zu einer Lerneinheit gehörende „Practical".

Im HTML-Format lässt sich dieser Aufruf wie folgt realisieren:

```
1: <p>Practical:
2:    <a
3:       href="predicates_practical.html"
4:       target="_blank">
5:       Predicates
6:    </a>
7: </p>
```

Mit einem Klick auf den Hyperlink „Predicates" (5) wird so die Datei *predicates_practical.html* (3) in einem neuen Browserfenster (4) aufgerufen. In Abbildung IV.10 stellt sich das wie folgt dar:

Practical: Predicates

Nach diesem Prinzip können auch die anderen Dateien mit den begleitenden Lehr- und Lernmaterialien, die in Abbildung VI.10 aufgeführt sind, per Hyperlink aufgerufen werden.

Auf dem gleichen Weg lässt sich auf eine Videodatei verweisen, z.B. die mit der Lerneinheit „Predicates" verknüpfte Video-Datei „Predicate Logic I":

```
1: <p>Video Link I:
2:    <a
3:       href="http://youtu.be/IhodKMPwShc"
4:       target="_blank">
5:       Predicate Logic I
6:    </a>
7: </p>
```

In der Web-Browser-Ansicht (vgl. Abbildung IV.10) stellt sich dieser Aufruf folgendermaßen dar:

Video Link 1: Predicate Logic I

Da das Video "Predicate Logic I" über die Hyperlink-URL *http://youtu.be/...*[47] in Zeile (3) direkt aus dem YouTube-Kanal abgerufen wird, muss man sich nicht um die jeweiligen Abspieloptionen kümmern. Das Video startet standardmäßig automatisch am Anfang, und die für den Abspielvorgang benötigten Kontrollelemente werden mitgeladen.

Soll das Video ab einer bestimmten Stelle abgespielt werden, lässt sich das sekundengenau durch folgenden Zusatz zur URL bewerkstelligen (fettgedruckt):

```
1: http://youtu.be/[video]?t=0h0m0s

2: http://youtu.be/IhodKMPwShc?t=11s

3: http://youtu.be/IhodKMPwShc?t=2m13s
```

Durch den mittels Fragezeichen mit der URL verbundenen Parameter *t=0h0m0s* in Zeile (1) lässt sich die Abspielposition auf die Stunde (h), die Minute (m) und die Sekunde (s) festlegen.[48] So wird das Video „Predicate Logic I" mit der YouTube-Kennung *IhodKMPwShc* mit dem Zusatz *t=11s* ab Sekunde 11 abgespielt (2), der Zusatz *t=2m13s* bewirkt einen Videostart ab Minute 2:13 (3).

Ein weiterer nützlicher Parameter ist der Zusatz *rel=0*, durch den am Ende des Abspielvorganges verhindert wird, dass weitere Videos abgespielt werden [INT15]. Mit diesem Zusatz, dem wie allen weiteren Zusätzen das &-Zeichen vorangestellt wird, sieht unser Hyperlink jetzt z.B. wie folgt aus:

```
http://youtu.be/IhodKMPwShc?t=11s&rel=0
```

---

[47]   Alternative: http://www.youtube.com/watch?v= IhodKMPwShc

[48]   Alternative: http://www.youtube.com/watch?v=IhodKMPwShc&t=0h0m0s

Weitere Möglichkeiten, die insbesondere für den Abruf von Lehr-videos notwendig wären, bietet der direkte Hyperlink nicht. Will man z.b. nicht nur den Videostart, sondern auch das Videoende zeitlich definieren, muss anstelle einer einfachen Verlinkung eine Einbettung des Videos in eine Webseite erfolgen.

V.4.2 Einfache Videoeinbettung

Die einfachste Form der Videoeinbettung nutzt den *video*-Tag, der seit der Version fünf Bestandteil von HTML ist. Allerdings lassen sich mit diesem Tag keine YouTube-Videos einbetten, sondern nur Videos im MP4- oder OGG-Format. Die unterschiedlichen Formate waren bis vor Kurzem noch notwendig, um die Einbettung von Videos in ver-schiedene Browser zu ermöglichen. Mittlerweile können die aktuellen Versionen aller wichtigen Web-Browser das MP4-Format verarbeiten.

In seiner einfachsten Variante hat der *video*-Tag folgende Struktur:

```
1: <video>
2:     <source src="[Video]" type="video/ogg"/>
3:     <source src="[Video]" type="video/mp4"/>
4: </video>
```

Mit diesem „Code-Schnipsel" wird das erste erkannte Video zwar aufgerufen und angezeigt, allerdings fehlen zusätzliche Parameter, die den Abspielvorgang oder die Darstellung spezifizieren.

Mit dem Aufruf:

```
1: <video
2:     width="640"
3:     height="360"
4:     autoplay
5:     controls>
6:     <source src="regeneration.ogg" type="video/ogg"/>
7:     <source src="regeneration.mp4" type="video/mp4"/>
8: </video>
```

wird das Video *regeneration.mp4* (7) mit der Breite 640 Pixel (2) und der Höhe 360 Pixel (3) so aufgerufen, dass der Abspielvorgang

sofort beginnt (4) und zusätzlich die Leiste mit den Kontrollelementen „Play/Pause", „Volume Control" und dem Fortschrittsan-
zeiger beim Rollover über das Video sichtbar wird (5). Abbildung
V.10 zeigt das Ergebnis dieses Aufrufs.

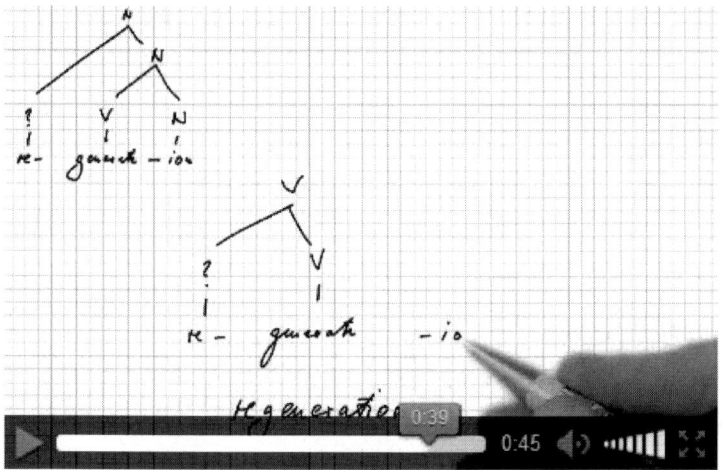

Abb. V.10: MP4-Video mit Kontrollelementen

Wird das Attribut *controls* nicht gesetzt, zeigen die Browser die Kontrollelemente nicht an, und man kann durch die Hinzunahme einfacher JavaScript-Routinen eine eigene Steuerung bauen.

Dazu werden auf der Webseite, auf der das Video erscheint, in einer
einfachen Variante zunächst die Kontrollelemente als anklickbare
„Buttons" mit den entsprechenden Beschriftungen und mit der mit
dem *onClick*-Event-Handler verknüpften JavaScript-Funktion definiert:

```
<input type="button" value="Play" onclick="play()"/>
<input type="button" value="Pause" onclick="pause()"/>
<input type="button" value="Rewind" onclick="rewind()"/>
```

Im Browser sieht das wie folgt aus:

Abbildung V.11: Einfache Kontrollelemente als Buttons

Das Video wird über den *video*-Tag in die Webseite eingebunden, allerdings ohne die Parameter *autoplay* und *controls*.

```
<video id="test" width="640" height="360">
    <source src="regeneration.ogg" type="video/ogg"/>
    <source src="regeneration.mp4" type="video/mp4"/>
</video>
```

Wichtig ist die Hinzunahme des fettgedruckten Parameters *id* mit einem selbstdefinierten, aber eindeutigen Wert, z.B. „test". Dieser dient zur Referenzierung der Buttons mit den entsprechenden JavaScript-Routinen:

```
1: <script type="text/javascript">
2:      function play()   { test.play(); }
3:      function pause()  { test.pause(); }
4:      function rewind() { test.currentTime = 0; }
5: </script>
```

Dabei wird in Zeile (1) der Bereich für JavaScript innerhalb einer HTML-Datei, z.B. als Inline-Code, eingeleitet. Mit drei einfachen Funktionen (Zeilen 2 bis 4), die über die mit den Buttons assoziierten Event-Handler aufgerufen werden, können die jeweiligen Aktionen „Play", „Pause" und „Rewind" veranlasst werden.

Mit etwas Geschick lassen sich auf diese Weise eigene Kontrollelemente und damit ein Videoplayer mit einem eigenen Corporate-Design erstellen.

V.4.3 „Inline"-Frames

Eine heute weit verbreitete Möglichkeit des Videoaufrufs wird mit Hilfe des „inline-Frame" realisiert, einer Technik, mit der ein Bereich innerhalb einer Webseite geschaffen wird, in den eine andere Webseite geladen werden kann.

Der dazu benötigte *iframe*-Tag hat folgenden Aufbau:

```
1: <iframe
2:     src="[Webseite]"
3:     width="[Breite]"
4:     height="[Höhe]"
5:     frameborder="[Wert]"
6:     allowfullscreen>
7: </iframe>
```

Mit dem obligatorischen Parameter *src* (engl. *source*, dt. *Quelle*) wird die im inline-Frame anzuzeigende Webseite aufgerufen (2). Die übrigen Parameter sind optional und definieren die gewünschte Breite (3) und Höhe (4) der Webseite, zusätzlich einen optionalen Rahmen (5), sowie die Möglichkeit, die Webseite auch im Vollbildmodus darzustellen (6).

Anstelle einer Webseite kann auch eine Videodatei im *src*-Attribut angegeben werden. Die in Abbildung V.10 gezeigte Videodatei lässt sich auf diese Weise mit folgendem *iframe*-Tag und den entsprechenden Parametern in eine Webseite einbinden:

```
1: <iframe
2:     src="regeneration.mp4"
3:     width="375"
4:     height="240"
5:     frameborder=1
6:     allowfullscreen>
7: </iframe>
```

Will man anstelle einer MP4-Datei ein YouTube-Video in eine Webseite einbetten, erhält man den benötigten *iframe*-Code mit einigen wenigen Mausklicks auf die mit dem Video in YouTube verknüpften Optionen „Teilen" und „Einbetten".[49] Abbildung V.12 stellt diese Möglichkeit des Code-Abrufs dar.

---

[49] Voraussetzung ist, dass der Autor bzw. Kanalinhaber das Teilen und Einbetten zulässt.

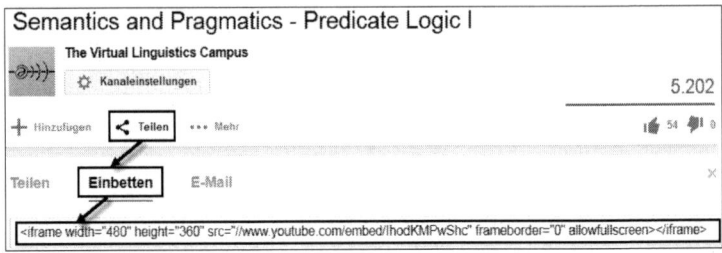

Abb. V.12: Abruf des *iframe*-Tags zum Einbetten von YouTube-Videos.

Auf diese Weise lässt sich der benötige *iframe*-Quellcode für das Video „Predicate Logic I" auf sehr einfache Art und Weise herunterladen:

```
1: <iframe
2:     src="http://www.youtube.com/embed/IhodKMPwShc"
3:     width="480px"
4:     height="360px"
5:     frameborder="0"
6:     allowfullscreen>
7: </iframe>
```

Dabei wird das YouTube-Video in Zeile (2) nun nicht mehr einfach „verlinkt", sondern über den Zusatz /embed/ „eingebettet". Dadurch entstehen weitere Möglichkeiten, so z.B. das sekundengenaue Abspielen eines Videos von einer bestimmten Stelle, die präzise Definition des Zeitpunktes, an dem ein Video stoppen soll, oder das Ausblenden verschiedener Elemente.

So könnte es sein, dass vom Video „Predicate Logic I" nur ein bestimmter Teil benötigt wird. Dieser lässt sich dann durch die Hinzunahme zweier Attribut-Wert-Paare, die im *src*-Parameter in Zeile (2) an die URL angehängt werden, genau spezifizieren.

```
src="http://www.youtube.com/embed/IhodKMPwShc?start=170&end=388">
```

Dabei ist es wichtig, dass das erste Attribut-Wert-Paar mit einem Fragezeichen eingeleitet wird und allen weiteren Paaren das &-Zeichen vorangestellt wird.

Die mit den Attributen start und end verknüpften Zahlenwerte werden als Sekunden definiert. Mit dem Aufruf ?start=170&end=388 wird das Video „Predicate Logic I" somit ab Minute 2:50 (170 Sekunden) gestartet und bei Minute 6:28 (388 Sekunden) automatisch gestoppt.

Mit weiteren Parametern, die ebenfalls immer durch das &-Zeichen eingeleitet werden, lassen sich zusätzliche Effekte erzielen [INT17]. So lässt sich mit dem Attribut „color" die Farbe des Fortschrittbalkens verändern (Werte white/red), und mit fs=0 lässt sich das Symbol zur Umschaltung in den Vollbildmodus ausblenden.

In der Regel allerdings reicht der von YouTube über die „Teilen" > „Einbetten" Option angebotene Quellcode aus.

V.5 Zusammenfassung

Die Ausführungen in diesem Kapitel sollten dazu beigetragen haben, die für viele Kollegen zu hohen Hürden, die einen Einstieg in die Digitalisierung der Lehre erschweren, zumindest etwas abzubauen. Es wurde gezeigt, dass weder die Anschaffungskosten für die Hard- und Software, die für die Produktion von Lehrvideos benötigt wird, noch deren Produktion selbst unüberwindbare Hindernisse sind.

Und auch der Aufnahmeort sollte kein Problem mehr darstellen: Lehrvideos im Classroom-Setting werden ohnehin nur in Ausnahmefällen benötigt, und auch die Studioproduktion von Lehrvideos ist nur in ausgewählten und sehr speziellen Fällen angesagt (siehe Abschnitt III.3.2).

Für die Produktion der propagierten Micro-Lectures dagegen reicht der eigene Schreibtisch aus, und auch für E-Lecture-Produktionen muss nicht gleich das eigene Büro umgebaut werden, wie auf S. 79 im kurzen Erfahrungsbericht erläutert wurde: Ein selten genutzter, kleiner Raum reicht hier aus.

Tipp zum Office-Setting

Richten Sie einen kleinen, gut ausgeleuchteten Unterrichtsraum in Ihrem Fachgebiet so ein, dass dort ohne große Vorbereitung E-Lectures produziert werden können. Sie benötigen eine Kamera mit Stativ, einen Greenscreen, eine Ablage für Ihr Skript (z.B. einen Notenständer) und einen fest installierten Computer. So hat jeder interessierte Kollege nach vorheriger Terminabsprache die Möglichkeit, ohne große Vorbereitung eine E-Lecture aufzunehmen. Die Nachbearbeitung kann dann an einem anderen Ort erfolgen.

Sollte kein Unterrichtsraum zur Verfügung stehen, bieten sich Büroräume an, die nur selten, z.B. nur halbtags, genutzt werden und den festen Aufbau der genannten Geräte zulassen.

Der oft gehörte Satz „Lehrvideos kommen für mich nicht in Frage" sollte somit der Vergangenheit angehören, wobei eines allerdings auch klar sein sollte: Nicht jeder Hochschuldozent muss zukünftig Lehrvideos produzieren, schließlich hat auch nicht jeder von uns wissenschaftliche Lehrbücher verfasst.

Aber es besteht ja die Möglichkeit der Nutzung frei verfügbarer digitaler Lehrmaterialien von dritter Seite – und dass diese mit sehr einfachen Verfahren in eigene Webseiten eingebunden werden können, sollte ebenfalls in diesem Kapitel klar geworden sein.

Somit sollten der Nutzung von Videos in der Lehre – ob eigene oder Lehrvideos von dritter Seite – sowie weiterführender digitaler Lehr- und Lernelemente keine allzu großen Hindernisse mehr im Wege stehen.

VI Empfehlungen

Die Einfachheit, mit der heute digitale Lehr- und Lernmaterialien, primär natürlich Lehrvideos, erstellt werden können, war Gegenstand des vorangegangenen Kapitels. Doch warum, wenn der in Abschnitt IV.3.2 diskutierte Aufwand immer noch als hoch, bisweilen als zu hoch, eingeschätzt wird, sollte man unter Berücksichtigung der zur Verfügung stehenden geringen Zeitkontingente für die Lehre und einem kaum spürbaren Reputationsgewinn, die Digitalisierung zum eigenen zentralen Thema machen? Wie kann die Digitalisierung der Hochschullehre unter den gegenwärtigen Bedingungen gelingen?

Auf den Seiten 13 bis 17 hatten wir dazu vier Empfehlungen gegeben, die trotz der derzeit ungünstigen Konstellationen den Weg in die Digitalisierung ebnen:

1. Eine (neue) Wertschätzung der Lehre

2. Maßnahmen zur Lastenverteilung

3. Stärkung der Präsenzlehre durch neue Lehr-/Lernformate

4. Erhöhung der Medienkompetenz von Lehrenden

Die mit diesen Empfehlungen verknüpften Maßnahmen sollen in den folgenden Abschnitten konkretisiert werden.

VI.1 Eine (neue) Wertschätzung der Lehre

Grundbedingung für das Gelingen aller Digitalisierungsbemühungen ist eine Neuausrichtung des Themas „Lehre" durch die zentralen Treiber der Digitalisierung, die Politik und die Hochschulleitungen. Sie müssen sich explizit des Themas „Lehre" annehmen und durch Veränderung der Rahmenbedingungen, aber auch durch explizite Anreize das Thema „Lehre" so attraktiv machen, dass es sich für das Hochschulpersonal endlich lohnt, sich auch für die Lehre zu engagieren.

So sind bereits mit kleinen politischen Maßnahmen große Effekte zur Stärkung der Lehre erreichbar. Werden z.B. auf Bundes- oder Landesebene Mittel für die Förderung der „Lehre" bereitgestellt, sollte darauf geachtet werden, dass diese gemäß unserem Grundsatz *„Didactics drives Technology"* auch wirklich der Lehre zufließen und nicht etwa ausschließlich der Stärkung der IT-Strukturen der Hochschule. Anstatt z.B. wie üblich

- die Live-Übertragungen zwischen Hörsälen,

- Videokonferenzen,

- web-basiertes Streaming,

- den Ausbau von Lernplattformen,

- die Modernisierung der IT-Infrastruktur,

- die Aufstockung von einschlägigem Personal,

zu fördern,[50] sollten entweder durch Umwidmung oder durch eine geringe Aufstockung der Mittel neue Lehrmethoden, wie z.B. innovative (digitale) Lehrprojekte, moderne Präsenzformate, oder adaptive Lehr-/Lernszenarien, um nur einige zu nennen, finanziell unterstützt werden. Die Technik muss funktionieren, also muss sie auch ausgebaut werden, nur, neben den technischen Maßnahmen sollten Methoden und Didaktik bei der Mittelvergabe mindestens den gleichen Stellenwert erhalten.

Die Entscheidung über die Mittelvergabe sollte zudem nicht allein in den Händen der verantwortlichen Dezernate in den Ministerien liegen, sondern man sollte sich der Expertise eines Gutachterrates oder einer Lenkungskommission aus Hochschullehrern und Akteuren der freien Wirtschaft bedienen, die die Realisierbarkeit und den Stellenwert beantragter Projekte möglichst unabhängig beurteilen

---

[50]   Diese Maßnahmen sind u.a. auf der Homepage des Hessischen Wissenschaftsministeriums unter „neue Lehr- und Lernmethoden „aufgelistet, obwohl es sich im Wesentlichen um technische Entwicklungen handelt.

können und im Bereich „Digitalisierung der Lehre" entsprechende Erfahrungen vorweisen können.

Doch auch die Hochschulen müssen die Lehre stärker in den Blick nehmen. Bevor flächendeckende Digitalisierungsbemühungen von Erfolg gekrönt sein können, müssen sich die Hochschulen zunächst deutlich sichtbar zur Lehre zu bekennen, z.B. über ihre Homepage. So muss man gegenwärtig schon sehr genau hinsehen, um auf den Webseiten der deutschen Hochschulen einen Link im Hauptmenü zum Thema „Lehre" auszumachen. Im Gegensatz zum omnipräsenten Link „Forschung" findet man auf den Homepages fast aller deutschen Hochschulen überhaupt keinen, oder wenn, dann nur einen tief in den Menüstrukturen versteckten Link zur „Lehre". Erst wenn die Lehre auf gleicher Ebene präsentiert wird wie die Forschung, auch wenn die Mittelzuweisungen in keinem Verhältnis zueinander stehen, lassen sich durch das Betätigungsfeld „Lehre" Reputationsgewinne erzielen und eventuelle Digitalisierungsbemühungen können von Erfolg gekrönt sein. Mit einem wie in Abbildung VI.1 erweiterten Hauptmenü auf den Homepages der deutschen Hochschulen lässt sich die Lehre mühe- und kostenlos aufwerten.

Forschung	**Lehre**	Studium	Fachbereiche	...

- Lehrpreise und Auszeichnungen
- Innovative Lehrprojekte
- Digitalisierungsstrategien
- MOOCs
- Hochschuldidaktische Angebote
- Tag der Lehre
- ...

Abb. VI.1: Ein neues Hauptmenü für die Uni-Homepage (mit einem Vorschlag zu dazugehörigen Untermenüs und weiterführenden Links)

Ohne ein klares und nach außen sichtbares Bekenntnis zur Lehre werden die meisten Digitalisierungsbemühungen aber höchstwahrscheinlich Stückwerk bleiben.

VI.2 Investitionen, Verteilung der Kosten

So wichtig wie die Aufwertung der Lehre durch die Politik und die Hochschulleitungen als Rahmenbedingung für die Digitalisierung auch ist, ganz ohne Investitionen wird das Projekt „Hochschullehre Digital" nicht gelingen. Mit der Empfehlung allerdings, die Kosten auf viele Schultern zu verteilen und zusätzlich zu versuchen, möglichst viele, frei verfügbare, hochqualitative Bildungsmaterialien zu nutzen, kann bei geringen Investitionen ein erheblicher Mehrwert erzielt werden.

So sind landes- oder gar bundesweite Portale denkbar, in denen digitale Lehr- und Lernmaterialien den assoziierten Hochschulen nach den im vergangenen Kapitel beschriebenen Methoden zur Nutzung bereit gestellt werden. Mit einer überschaubaren Investition in einen Experten- oder Gutachterrat, können offene Bildungsmaterialien (OER), frei verfügbare Lehrvideos und Webseiten beurteilt und unter Hinzuziehung von Fachwissenschaftlern qualitätsgesichert werden. Dadurch kann eine überregionale ‚digitale Bibliothek' aufgebaut werden, die aus qualitativ hochwertigen digitalen Lehrmaterialien besteht, aus der die Lehre vor Ort gespeist werden kann. Doppelte Arbeit wird so vermieden: Warum z.B. sollte eine Hochschule für einen Studiengang Lehrvideos erstellen, wenn es diese schon an anderer Stelle in bester und vom Expertenrat als qualitativ hochwertig eingeschätzter Qualität gibt? Lediglich dann, wenn es keine oder nur minderwertige frei verfügbare Lehrvideos gibt, sind eigene Anstrengungen erforderlich. Finanziell sollten diese nur dann gefördert werden, wenn es nachweislich keine Alternativen gibt.

Bereits heute gibt es diverse Einzelinitiativen und gute Ansätze, so z.B. die Linksammlung zu biologischen Lehrvideos der Fakultät Biologie und Psychologie der Uni Göttingen [INT14] oder die Lehrvideoserie zum Thema „Evolution", des Instituts für Biologie der Universität Kassel [INT18]. Mit einer Bündelung derartiger Initiativen, die derzeit ein noch relativ unkoordiniertes Schattendasein fristen, können bei geringem Mitteleinsatz große Effekte erzielt werden.

VI.3 Stärkung der Präsenzlehre durch geeignete Lehr-/Lernformate

Der oft vorgebrachte Einwand „Digitalisierung schafft die Lehre ab" oder Parolen wie „Arbeitslos durch E-Learning" haben sich mittlerweile als haltlos erwiesen. Im Gegenteil: Menschliche Lehrkräfte werden nach wie vor und mehr denn je gebraucht. Nur ihre Rolle wird eine andere.

In Abschnitt IV.2.6 hatten wir das „Inverted Classroom" Szenario als eines der zentralen Formate für eine digitalisierte On-Campus-Lehre vorgestellt. In einem solchen Format, das in Abbildung VI.2 erneut zu sehen ist, erhält die der digitalen Selbstlernphase nachgeschaltete Präsenzphase eine neue Lehr- und Lernqualität: durch hohe Dozent-Student-Interaktion, individuelle Hilfestellungen und die Möglichkeit, Forschungsfragen gemeinsam zu lösen.

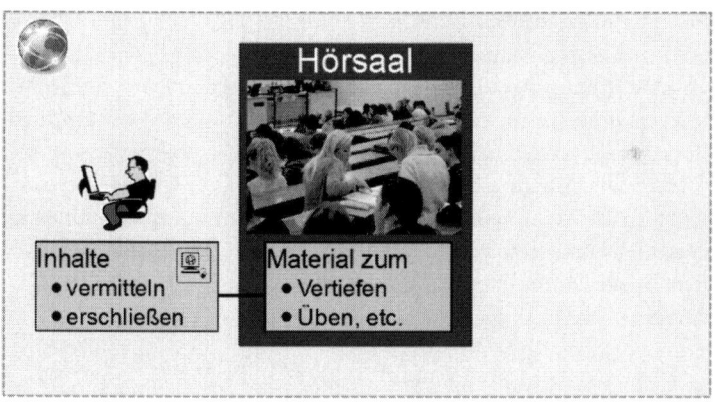

Abb. VI.2: Lehre digitalisiert – Inverted Classroom

Der Hörsaal wird so zu einem Ort des gemeinsamen Übens und Vertiefens bereits bekannter Inhalte, bei dem ein neues Miteinander von Lehrenden und Lernenden entsteht. Während sich in einer klassischen Lehrveranstaltung, insbesondere bei hohen Teilnehmerzahlen, die Dozent-Student-Kontakte auf ein Minimum beschränken, ist das Präsenzgeschehen im Inverted Classroom von einer permanenten Interaktion zwischen dem Dozenten in seiner neuen Rolle als Lernbegleiter und den Studenten als Übende mit Vorwissen gekennzeichnet. Erste Langzeitstudien zeigen dass mit diesem Szenario nicht nur Behaltensleistungen und die erzielten Noten höher sind als in klassischen Lehr-/Lernarrangements, sondern dass die Teilnahme an einer derartig übungsintensiven Präsenzphase sowohl bei Abschlussklausuren als auch bei semesterbegleitenden Prüfungen zu besseren Leistungen führt (Handke, 2015).

Eine weitere Konsequenz aus diesem speziellen Szenario mit einer vorgeschalteten Phase der digitalen Inhaltsvermittlung und Inhaltserschließung gefolgt von einer Übungsphase im Hörsaal bezieht sich auf den Hörsaal selbst. Dessen auf Frontalunterricht ausgerichtete Sitzreihenarchitektur entspricht nicht mehr dem Bedürfnis nach einer intensiven Kommunikation zwischen Dozent und Student in einer modernen Präsenzphase. In Abbildung VI.2 wird die Lehrende inmitten ihrer Studenten gezeigt, kann sich aber von dieser Position aus nur mit Mühe mit mehr als drei bis vier Studenten gleichzeitig austauschen. Eine Kommunikation der Studenten untereinander ist in solchen Sitzreihen, dem Standard der heutigen Hörsaalarchitektur, nahezu unmöglich. Eine neue Anordnung mit „Lerninseln", in denen jeweils bis zu zehn Studierende in Gruppenformaten üben und miteinander kommunizieren können, wäre eine mögliche Alternative und würde die Kommunikation zwischen dem Dozenten und den Studenten, letzeren auch untereinander, erleichtern.

In jedem Fall wird mit einem Format „Inhalte Online – Üben und Vertiefen in Präsenz", das je nach Inhalt auch frontale Phasen in der Präsenzphase mit einschließen kann, eine erhebliche Stärkung der Präsenzlehre erzielt, sodass der im Vorwort zitierten düsteren Prognose, dass Hochschulen von der Bildfläche verschwinden, die sich der Digitalisierung nicht stellen, wirkungsvoll entgegengetreten werden kann: Hochschulen, die eine Digitalisierung ihrer Lehre fördern, können die Lehre mit neuen Präsenzformaten zu einem ihrer Markenzeichen entwickeln. Die Digitalisierung stärkt somit die

Präsenzlehre bei gleichzeitig veränderter Rolle des Lehrers: „Vom Weisen auf der Bühne zum Begleiter an der Seite!" (King, 1993).[51]

VI.4 Neue Kursformate

Auch wenn die Präsenzlehre im Fokus der genannten Digitalisierungsbemühungen steht, sollten alternative Modelle, die ganz ohne Präsenzphase auskommen, ebenfalls im Angebot einer modernen Hochschule zu finden sein. Um entsprechende Online-Angebote zu entwickeln, sind aber zusätzliche Anstrengungen notwendig. Durch bloßes Weglassen der Präsenzphase aus einer Lerneinheit wird deren Qualität in nicht unerheblichem Maße reduziert.

Abb. VI.3: Lehre digitalisiert – Die ‚klassische' Online-Lehre

Zwar wird versucht, wie in Abbildung VI.3 dargestellt mit Foren und Quizzes, oft angeleitet durch einen menschlichen Tutor, diesen Aderlass aufzufangen, doch es fehlt die Möglichkeit zum angeleiteten Üben und Vertiefen (vgl. Abbildung VI.2). Das Ergebnis solcher schnell gestrickten Online-Szenarien sind die vielen schlecht funktionierenden MOOCs mit ihren einfachen, lediglich auf Lehr-

---

[51]   Originalzitat: „*From Sage on the stage to Guide on the Side.*"

videos basierenden ‚Lerneinheiten' und als Konsequenz mit ihren verschwindend geringen Abschlusszahlen.

Was ist also zu tun und wie können z.b. die hohen Abschlusszahlen der linguistischen MOOCs, die im Vergleich dazu über den Virtual Linguistics Campus angeboten werden, erklärt werden (vgl. Handke/Franke, 2013)?

Die Lösung liegt in weiteren Digitalisierungsmaßnahmen: Anstatt die Präsenzphase einfach wegzulassen, wird das dort verwendete Material (Übungsblätter, Aufgaben, Erklärungen, Musterlösungen, etc.) ebenfalls digitalisiert, sodass die jeweilige Lerneinheit als nun vollständig digitalisierte Lerneinheit qualitativ nur unwesentliche Einbußen zur verzeichnen hat. Bedient man sich zusätzlich noch adaptiver Lösungsansätze, lassen sich wie in einer Präsenzphase durch die permanente Lehrer-Lerner Interaktion und der darauf basierenden menschlichen Einschätzung des Lerners auch maschinell individuelle Lösungen generieren: In Abhängigkeit von diversen Parametern, wie z.b. Vorwissen, Testergebnissen, Benutzerverhalten, Lernwegen etc., kann nun auch das bereitzustellende digitale Übungsmaterial maschinell individualisiert werden.

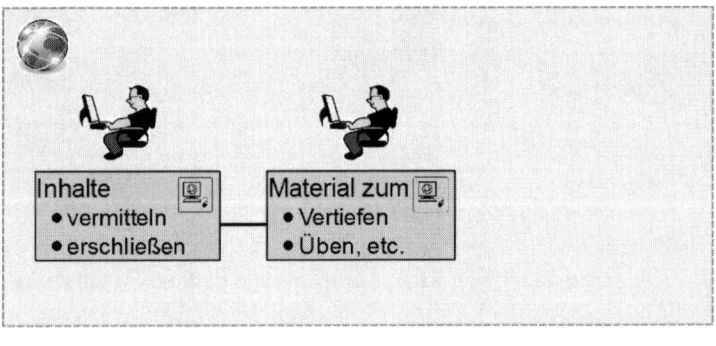

Abb. VI.4: Inhalte digitalisiert, Üben digitalisiert, Resultat: Online-Lehre

Abbildung VI.4 visualisiert dieses reine Online-Lehrformat, in dem nun beide Phasen des Lehr-/Lernprozesses digitalisiert sind. Dabei wird die Online-Lehre nicht als zusätzliche Variante der Lehre neu eingeführt, sondern sie entsteht als Konsequenz der Digitalisierung aller benötigten Materialien. Anders ausgedrückt: ein funktionierendes Online-Lehr-/Lernszenario ist ein Inverted Classroom Szenario mit digitalisierter statt hörsaalgebundener Übungsphase.

Für die Studenten entstehen dadurch neue Optionen. Mit Online-Kursen, die vor Ort (On-Campus) angeboten werden, können sie im Krankheitsfall, in Phasen des Mutterschutzes, bei Stundenplankollisionen oder auch während eines Auslandsaufenthaltes weiterstudieren und so Probleme mit ihrer Regelstudienzeit vermeiden.

Öffnet man die Kurse (Open Online Courses), lassen sich zusätzliche Teilnehmer von anderen Hochschulen gewinnen, und mit Massive Open Online Courses kann eine Hochschule für sich und ihre Lehre mit offenen Teilnehmerzahl-unabhängigen globalen Angebote werben, ohne sich um Zulassungsbedingungen kümmern zu müssen.

Festzuhalten gilt aber: Diese gut funktionierenden Online-Formate sind Ableger funktionierender Präsenzformate mit einer funktionierenden vorgeschalteten digitalen Phase der Inhaltsvermittlung und Inhaltserschließung.

VI.5 Eine neue Medienkompetenz

An verschiedenen Stellen dieses Buches, aber auch an anderer Stelle, z.B. in der Presse (vgl. Stampfl, 2014), wurde auf die Notwendigkeit einer ausreichenden Medienkompetenz auf Seiten der Lehrenden hingewiesen. Konnte man die Medienkompetenz eines Hochschuldozenten bis in die 1980er Jahre noch auf die Bedienung eines Overhead-Projektors und die Nutzung der Kreidetafel eingrenzen, gehörten bereits ab den 1990er Jahren erste digitale Präsentationsmittel zum Medienrepertoire der Lehre. Leider hat sich bei vielen Dozenten an dieser vor der Jahrtausendwende typischen Medienkompetenz nicht viel geändert, sodass der mit PowerPoint unterstützte Frontalvortrag nach wie vor die heutigen Hörsäle regiert:

„Wenn Woodrow Wilson [ehem. US-Präsident von 1913 bis 1921] heute in einen unserer Seminarräume hineinspazierte, würde er nämlich keinen großen Unterschied zu dem feststellen, was zu seiner Zeit, also vor hundert Jahren üblich war – mit Ausnahme von PowerPoint." (Shirley Tilghman, Präsidentin der Princeton University, USA, im Interview mit der Frankfurter Allgemeinen Zeitung am 29.5.2013)

Im Zeitalter der Digitalisierung der Lehre reicht das allerdings nicht mehr aus. Zwar werden die Optionen des Internets im Präsenzgeschehen z.b. durch Abspielen von Videos, oder durch die Nutzung von Suchmaschinen, genutzt, die Medienkompetenz der Lehrenden allerdings ist in Masse unverändert. Sie beschränkt sich, bis auf die Erstellung eigener PowerPoint-Folien, im Wesentlichen auf die Nutzung des Computers als Präsentationsmittel.

Für die in den vergangenen Abschnitten beschriebenen digital unterstützten Lehr-/Lernszenarien genügt das nicht: Student-Response-Systeme, Interaktive Whiteboards, beschreibbare Tablet-PCs zur Fernsteuerung von Präsentations-PCs sind neue wichtige Komponenten des Präsenzgeschehens, und für die aktive Produktion von Lehrvideos wird eine, wenn auch heute leicht realisierbare, Kompetenz im Umgang mit der benötigten Hard- und Software erforderlich.

Können Lehrende, insbesondere vor dem Hintergrund nicht vorhandener Zeitkontingente, das schaffen? Die Antwort ist ein klares Ja! Die Nutzung der genannten Medien und Programme ist heute kinderleicht und ist nicht mehr mit dem hohen Aufwand, der z.B. für die Videoproduktion noch bis vor einigen Jahren notwendig war, zu vergleichen. Mit Neugier, Interesse und vor dem Hintergrund einer neuen Wertschätzung der Lehre sollte es jedem Lehrenden möglich sein, die Medienkompetenz für die benötigten Elemente der Lehre zu erlangen.

VI.6 Konsequenzen

Doch lohnen sich all diese Maßnahmen? Welchen Nutzen ziehen wir aus einer weitreichenden Digitalisierung der Hochschullehre?

Ein elementarer Nutzen wurde als zweite These auf S. 13 formuliert und in Handke (2014b) an verschiedenen Stellen aufgegriffen: „*Digitalisierung verbessert die Hochschullehre*" oder anders ausgedrückt: Mit einer weitreichenden Digitalisierung lassen sich viele Probleme der Hochschullehre lösen. Gehen wir die zentralen Probleme der Hochschullehre und die durch die Digitalisierung möglichen Lösungen einmal durch:

Problem: Transparenz der Lehre

Sind die Lehr- und Lernmaterialien, aus denen die Inhalte der Lerneinheiten eines Kurses zusammengestellt werden, in digitaler Form frei zugänglich, entsteht eine neue inhaltliche und methodische Transparenz. Allerdings scheint diese Transparenz vielen Hochschuldozenten zu weit zu gehen, sodass sie den Weg in die vollständige Transparenz ihrer Lehrmaterialien mit Zugangsbeschränkungen per Passwortschutz verhindern. Die Inhalte als freie Bildungsmaterialien dem öffentlichen Meinungsmarkt zuzuführen, scheint für einige dann doch zu weit zu gehen.

Problem: Qualitätssicherung der Lehr-/Lerninhalte

Eng verknüpft mit einer höheren Transparenz ist eine verbesserte Sicherung der Qualität der Inhalte. Allein die Zugriffszahlen dokumentieren dies: Während schriftliche Inhalte in Fachbüchern oft nur von einem kleinen Expertenteam aus Redakteuren oder Lektoren qualitätsgesichert werden, werden digitale Inhalte oft schon nach kurzer Zeit von mehreren Tausend Nutzern unter die Lupe genommen. Auch wenn nicht alle dieser Nutzer die Qualität der Materialien wissenschaftlich adäquat einschätzen können, so gibt es jedoch allein durch die Masse der Nutzer genügend fundierte Kommentare zur Steigerung oder Aufrechterhaltung der Qualität der Materialien. Der Effekt ist ähnlich wie beim Online-Lexikon Wikipedia: Je mehr ‚Nutzer' aktiv werden, desto wahrscheinlicher wird eine hohe Qualität.

Problem: Inhaltliche Redundanz

Auch die überverhältnismäßig hohe Redundanz der Inhalte lässt sich durch digitale Materialien mindern. Gute Lehrmaterialien, z.B. Lehrvideos können, wenn sie einmal erstellt und als freie Bildungsmaterialien gekennzeichnet sind, hochschulübergreifend verwendet werden. Genauso wenig, wie jeder Hochschullehrer eigene Lehrbücher geschrieben hat, ist es nun notwendig, dass jedes Fach und jeder Lehrer eigene digitale Lehrmaterialien produziert.

Problem: Nachhaltigkeit

Auch bei einer Verfallszeit von Lehrvideos und den begleitenden digitalen Materialien von bis zu vier Jahren (vgl. Abschnitt V.2.1) ist die Nachhaltigkeit dieser Materialien allein schon durch ihre bessere Zugänglichkeit als deutlich höher einzuschätzen, als bei Materialien, die z.B. ein Lehrbeauftragter während seiner Tätigkeit erzeugt und nutzt, im Anschluss an seine Tätigkeit aber in der Regel für sich behält.

Problem: Inhaltliche Quantität

In Handke (2014a:156/157) wurde die schlechte inhaltliche ‚Auslastung' der Lehre als ein zentrales Problem identifiziert: Zu viel kostbare Präsenzzeit wird für inhaltsfremde Aspekte verwendet: von administrativen Aufgaben und Fragestellungen bis hin zum kompletten Ausfall der Präsenzphase im Krankheitsfall oder an Feiertagen.

Mit digitalen Lehr-/Lernszenarien kann die inhaltliche Quantität von Lehrveranstaltungen vollständig garantiert werden. Die Phase der Inhaltsvermittlung und Inhaltserschließung ist ja nun nicht mehr orts- und zeitabhängig und findet daher immer statt. Lediglich die in ‚invertierten' Lehr- und Lernszenarien nachgeschaltete

Präsenzphase kann durch äußere Umstände, wie z.B. Krankheit, beeinträchtigt werden. Dadurch wird zwar die Vertiefungsphase geschwächt, nicht aber die Phase der Inhaltsvermittlung.

Problem: Zielgruppenproblematik

Durch die Bologna-Reform ist die Anzahl der Studiengänge, die vom Personal eines Faches bedient werden muss, gestiegen, die Anzahl der Lehrenden selbst allerdings ist in der Regel gleich geblieben. Das hat dazu geführt, dass die Inhalte verschiedener Studiengänge zum Teil so stark angeglichen wurden, dass sie studiengangübergreifend verwendet werden können und somit die inhaltlichen Unterschiede zwischen einzelnen Studiengängen nivellieren. Auf der anderen Seite werden Lehrveranstaltungen angeboten, die sich Studierende verschiedener Studiengänge durch eine ,flexible Anerkennungspraxis' bei gleichen Inhalten für verschiedene Studiengänge anrechnen lassen können. Mit anderen Worten: Verschiedene Zielgruppen werden nicht wie erforderlich mit für sie maßgeschneiderten Inhalten bedient, sondern mit pauschalen Inhalten, die für sie als ,passend' deklariert werden. Das ist in etwa so, als würden im Rahmen eines Fußballtrainings auch Handballer, Basketballer, Volleyballer mit trainiert, nur weil ein Ball im Spiel ist.

Mit digitalen Lehr- und Lernmaterialien ist dieses Problem recht einfach lösbar: Das digitale Angebot kann nun zielgruppenspezifisch außerhalb der Präsenzphase angeboten werden, in der Präsenzphase wird in Kleingruppen an verschiedenen Inhalten gearbeitet oder im 14-tägigen Wechsel mit unterschiedlichen Zielgruppen.

Problem: Stundenplankollisionen

Stundenplankollisionen sind in der digitalen Hochschullehre kein Thema mehr. Studierende, die zur gleichen Zeit zwei oder mehrere Lehrveranstaltungen belegen müssen, können durch Online-Formate so wie in Abbildung VI.4 dargestellt ohne Gefährdung ihrer

Regelstudienzeit die gewünschten Kurse, wenn auch ohne Präsenz-phase, belegen.[52]

VI.7 Noch Ungelöste Probleme

Trotz der vielen neuen Möglichkeiten durch die Digitalisierung der Hochschullehre und der Lösung zahlreicher ‚klassischer‘ Probleme, gibt es zum einen Probleme, die erst mittel- oder langfristig zu lö-sen sind, wie z.b. die wenig systematische Ausbildung zum Hoch-schullehrer oder die unterschiedliche Gewichtung von Forschung und Lehre. Zum Anderen gibt es aber auch neue Probleme, die erst durch eine Digitalisierung zum Vorschein gekommen sind und zeit-naher Lösungen bedürfen. Dazu gehören Fragen zum Urheberrecht der digitalen Materialien (Was darf in einem Video gezeigt werden?, Welche Materialien dürfen in welchem Umfang frei zugänglich ge-macht werden?, usw.), Fragen nach der Anrechenbarkeit von digital unterstützter Lehre auf die Lehrdeputate, oder Fragen nach der Bar-rierefreiheit der digitalen Materialien.

Neben diesen eher hochschulpolitischen Fragen wird natürlich auch an typischen Problemen der Digitalisierung selbst gearbeitet. So ge-hen elektronische Testszenarien zunehmend weg von den summati-ven E-Klausuren hin zu kursbegleitenden formativen Tests (Michel/ Görtz, 2015:7), und auch die Testformate selbst ersetzen zuneh-mend die didaktisch oft fragwürdigen Multiple-Choice Szenarien durch anspruchsvollere Testtypen, wie das auf S. 108 beschriebene „Dynamische Multiple Choice"-Format oder Formate, in denen die Benutzereingabe nicht schematisch abgeglichen, sondern analysiert wird.

Damit elektronische Tests auch ortsunabhängig absolviert werden können, stehen neue Formen der Benutzerauthentifizierung eben-falls seit einiger Zeit auf der digitalen Agenda.

---

[52]   Im Wintersemester 2014/15 waren von einer solchen Kollision 30 von 192 Studierenden des dritten Fachsemesters Anglistik/Lehramt an der Philipps-Universität Marburg betroffen. Sie haben den Pflichtkurs „His-tory of English" online absolviert und bestanden.

VI.8 Zusammenfassung und Visionen

Die Digitalisierung der Hochschullehre ist nicht aufzuhalten. Dieser Tatsache hat sich auch der Deutsche Stifterverband zusammen mit der Hochschulrektorenkonferenz und dem Bundesministerium für Bildung und Forschung gestellt und die Initiative „Hochschulforum Digitalisierung" aus der Taufe gehoben [INT19]. Ziel dieser Initiative ist es, den deutschen Hochschulen bis Ende 2016 Handlungsempfehlungen für eine weitreichende Digitalisierung in ihren diversen Tätigkeitsfeldern zu geben: von der Entwicklung moderner Curricula, über Internationalisierungsstrategien bis hin zum Lehren und Prüfen.

Das vorliegende Handbuch hat sich ausschließlich der Digitalisierung der Lehre gewidmet und an konkreten Beispielen gezeigt, wie die klassische Lehre in neue digitale Formate überführt werden kann.

Alle Vorschläge, die in diesem Buch gemacht wurden, sind allerdings Momentaufnahmen. Jeder Entwickler digitaler Lehr- und Lernmaterialien weiß nur zu genau, dass es immer wieder Neuerungen gibt, an die Lehr- und Lernelemente angepasst werden müssen. Als Beispiel seien hier stellvertretend die Einstellung des Supports von Flash, der weit verbreiteten Software zur Programmierung und Darstellung multimedialer und interaktiver Inhalte, sowie die Nutzung mobiler Endgeräte, die neue Darstellungsformate notwendig machen, oder die neuen, extrem einfachen Möglichkeiten der Videoproduktion genannt.

All diese Umwälzungen stellen uns vor immer neue Herausforderungen. Diesen gilt es sich zu stellen und sich permanent entsprechend weiterzubilden. Ein Zurück ist nicht mehr möglich:

„Es ist Wunschdenken, dass digitale Lernformen eine Mode sind, die vorbeigehen wird. Sie werden bleiben. In drei bis vier Jahren sind sie Teil unseres Alltags." (Reif, 2015).

Für mich sind sie es heute schon und ich hoffe, dieses Handbuch konnte einen kleinen Beitrag zur Entwicklung dieser digitalen Lernformen leisten.

VII Quellen

VII.1 Print-Referenzen

Bischof, Lukas/von Stuckrad, Thimo. 2013. *Die digitale (R)evolution. Chancen und Risiken der Digitalisierung akademischer Lehre.* CHE, Centrum für Hochschulentwicklung gGmbH. Gütersloh.

Cuddy, Colleen. 2010. *Mobile Video for Education and Instruction.* In: Journal of Electronic Resources in Medical Libraries. Volume 7, Issue 1, 2010: 85–89.

Dräger, Jörg/Ziegele, Frank. 2014. (Hrsg.). *Hochschulbildung wird zum Normalfall – Ein gesellschaftlicher Wandel und seine Folgen.* CHE, Centrum für Hochschulentwicklung gGmbH. Gütersloh.

Demetriadis, Stavros/Pombortsis, Andreas. 2007. *e-Lectures for Flexible Learning: a Study on their Learning Efficiency.* Educational Technology & Society, 10 (2), 147–157.

European Commission. 2014. *Report to the European Commission on New modes of learning and teaching in higher education.* Luxembourg: Publications Office of the European Union.

Guo, Philip, J./Kim, Juho/Rubin, Rob. 2014a. *How Video Production Affects Student Engagement: An Empirical Study of MOOC Videos.* http://pgbovine.net/publications/edX-MOOC-video-production-and-engagement_LAS-2014.pdf; Zugriff: 29.7.2014.

Handke, Jürgen/Schäfer, Anna Maria. 2012. *E-Learning, E-Teaching und E-Assessment in der Hochschullehre. Eine Anleitung.* München. Oldenbourg Verlag.

Handke, Jürgen. 2013a. *Beyond a Simple ICM.* In: Jürgen Handke, Natalie Kiesler, Leonie Wiemeyer (Hrsg.). The Inverted Classroom Model. Konferenzband zur 2. ICM Fachtagung in Marburg 2013. München: Oldenbourg Verlag: 15–20.

Handke, Jürgen. 2013b. *The VLC Video Strategy.* In: Jürgen Handke, Natalie Kiesler, Leonie Wiemeyer (Hrsg.). The Inverted Classroom Model. Konferenzband zur 2. ICM Fachtagung in Marburg 2013. München: Oldenbourg Verlag: 59–75.

Handke, Jürgen/Franke, Peter. 2013. *xMOOCs im Virtual Linguistics Campus.* In: Rolf Schulmeister (Hrsg.). MOOCs – Massive Open Online Courses. Münster: Waxmann Verlag: 101–126.

Handke, Jürgen/Loviscach, Jörn/Schäfer, Anna Maria/Spannagel, Christian. 2012. *Das Inverted Classroom Modell.* In: Neues Handbuch zur Hochschullehre. Vol. E.2.11. (überarbeitet 2013).

Handke, Jürgen. 2014a. *Patient Hochschullehre. Vorschläge für eine zeitgemäße Lehre im 21. Jahrhundert.* Marburg: Tectum Verlag.

Handke, Jürgen. 2014b. *The Inverted Classroom Mastery Model – A Diary Study.* In: Eva Großkurth/Jürgen Handke (Hrsg.).The Inverted Classroom Model. Konferenzband zur 3. ICM Fachtagung in Marburg 2013. München: Oldenbourg Verlag: 15–35.

Handke, Jürgen. 2014c. *MOOCs – Vom "Lousy Product" zum Erfolgsmodell.* Bonn: Forschung & Lehre, 5/2014, S. 356–357.

Handke, Jürgen. 2015. *Digitalisierung der Hochschullehre - Welche Rolle spielt das Inverted Classroom Model dabei?,* In Freisleben-Teutscher C. F. / Gruber W. / Haag J. / Weißenböck J. (Hrsg.) Neue Technologien – Kollaboration – Personalisierung, Tagungsband zum 3. Tag der Lehre.

Hessisches Ministerium für Wissenschaft und Kunst (Hrsg). 2014. *E-Learning an Hessischen Hochschulen.* http://www.e-learning-hessen. de/fileadmin/PDFs/broschuere-hwp-hessen-elearning.pdf.

Jonas, Peter M. 2012. *Successfully Teaching with Humorous Videos: Videagogy©.* John Hopkins School of Education. http://www.education. jhu.edu/; Zugriff: 4.8.2014.

Kerres, Michael/Preußler, Annabell. 2013. *Zum didaktischen Potenzial der Vorlesung.* In: Reinmann, Gabi/Ebner, Martin/Schön, Sandra (Hrsg.). 2013. Hochschuldidaktik im Zeichen von Heterogenität und Vielfalt. Norderstedt GmbH: Books on Demand: 79–98.

King, Alison. 1993. *From Sage on the Stage to Guide on the Side.* College Teaching, Vol. 41, No. 1. Taylor & Francis Ltd.

Kleimann, Bernd. 2007. *eLearning 2.0 an deutschen Hochschulen.* In: Merkt, Marianne/Mayrberger, Kerstin/Schulmeister, Rolf/Sommer, Angelika/van den Berk, Ivo. (Hrsg.). Studieren neu erfinden – Hochschule neu denken. GMW: Band 44. Münster: Waxmann Verlag: 151–158.

Kleimann, Bernd. 2008. *Kapazitätseffekte von E-Learning an deutschen Hochschulen.* Hannover: His Forum Hochschule.

Loviscach, Jörn. 2012. *Videoerstellung für und Erfahrungen mit dem ICM.* In: Jürgen Handke/Alexander Sperl (Hrsg.). Das Inverted Classroom Model. Konferenzband zur 1. ICM Fachtagung in Marburg 2012. München: Oldenbourg Verlag: 24–37.

Mayrberger, Kerstin. 2013. *Medienbezogene Professionalität für eine zeitgemäße Hochschullehrer – ein Plädoyer.* In: Gabi Reinmann/Martin Ebner/Sandra Schön (Hrsg.). 2013. Hochschuldidaktik im Zeichen von Heterogenität und Vielfalt. Norderstedt GmbH: Books on Demand: 197–213.

Michel, Lutz P./Görtz, Lutz. 2015. *Digitales Prüfen und Bewerten im Hochschulbereich.* CHE Centrum für Hochschulentwicklung. gGmbH. Gütersloh.

Reif, Rafael. 2015. *„Wichtigste Erfindung seit dem Buchdruck".* NZZ Webpaper. Michael Furger im Interview mit Rafael Reif, Präsident des Massachusetts Institute of Technology.

Russel, Peter. 1996. *Towards a Global Brain.* In: Russel, Peter. The Global Brain Wakens. (Global Brain Inc, Palo Alto, CA).

Schäfer, Anna Maria. 2012. *Das Inverted Classroom Model.* In: Jürgen Handke/Alexander Sperl (Hrsg.). Das Inverted Classroom Model. Konferenzband zur 1. ICM Fachtagung in Marburg 2012. München: Oldenbourg Verlag: 3–12.

Schön, Sandra/Ebner, Martin. 2015. *Warum Trainer_innen und Lehrende offene Bildungsressourcen benötigen.* In: Das neue Arbeiten im Netz, Akin-Hecken, Meral/Röthler, David. (Hrsg.). Wien: edition mono/monochrom, 162–164.

Spencer, Dan. 2012. *How to write a great script- and why to bother in the first place.* In: Jürgen Handke/Alexander Sperl (Hrsg.). Das Inverted Classroom Model. Konferenzband zur 1. ICM Fachtagung in Marburg 2012. München: Oldenbourg Verlag: 160–163.

Vogt, Sebastian/Deimann, Markus. 2014. *Das vergessene Medium!? – der Mehrwert des Einsatzes von Video im Fernstudium.* Zeitschrift Für Hochschulentwicklung / Videos in der (Hochschul-)Lehre, 9(3), 187–198.

Wachtler, Josef/Ebner, Martin. 2014a. *Attention Profiling Algorithm for Video-based Lectures.* In: Panayiotis, Z./Ioannou, A. (Eds.). Springer Lecture Notes: 358–367.

Wachtler, Josef/Ebner, Martin. 2014b. *Support of Video-Based Lectures with Interactions: Implementation of a Prototype.* In: proceedings of World Conference on Educational Multimedia. Chesapeake, Virginia: AACE: 562–571.

Waldherr, Franz/Walter, Claudia. 2014. *Ideen und Methoden für die Hochschullehre.* Stuttgart: Schäffer-Poeschel Verlag. 2. Auflage.

Wiemeyer, Leonie. 2013. *Clicker-Happy. Audience Response Systems as an Interface between pre-class Preparation and In-Class Session.* In: Handke, Jürgen/Kiesler, Natalie/Wiemeyer, Leonie. (Hrsg.). 2013. The Inverted Classroom Model. München: Oldenbourg Verlag: 121–134.

Winteler, Adi. 2009. *Professionell lehren und lernen.* Darmstadt: Wissenschaftliche Buchgesellschaft. 4. Auflage.

VII.2 Internetreferenzen

Button, Keith. 2014. *10 lessons learned from MOOCs.* http://www.educationdive.com; Zugriff: 16.9.2014.

Chafkin, Max. 2013. *Udacity's Sebastian Thrun, Godfather Of Free Online Education, Changes Course.* http://www.fastcompany.com; Zugriff: 9.9.2014

Coe, Robert/Higgins, Steve. 2014. *7 things that don't work in the Classroom.* http://forumblog.org/2014/10/7-things-dont-work-in-classroom/; Zugriff: 1.11.2014.

Creelman, Alastair. 2014. *E-Learning – from alternative to norm.* http://www.adjacentgovernment.co.uk; Zugriff: 6.9.2014.

Cruz, Reena. 2014. *Getting More out of PDFs in the Classroom.* http://learning.instructure.com; Zugriff: 6.9.2014

Giersberg, Georg. 2014. *Der Handel hat eine Chance.* http://www.faz-net.de; Zugriff: 7.9.2014.

Gorbis, Marina. 2014. *The Future Of Education Eliminates The Classroom, Because The World Is Your Class.* The Futurist Forum. http://www.fastcoexist.com/; Zugriff: 3.11.2014.

Gruber, Angela. 2014. *Die Einsamkeit des Professors vor der Laptop-Wand.* http://www.zeit.de/studium/uni-leben; Zugriff: 26.8.2014.

Huyeng, Tim. 2014. *Alles nur einen Klick entfernt?* http://www.f1rstlife. de; Zugriff: 6.9.2014.

Lin, Sandy. 2014. *3 Easy Methods to Create eLearning Videos.* http://el-earningindustry.com; Zugriff: 13.9.2014.

Krueger, Nicole. 2015. *Creating meaningful learning experiences through video.* http://www.iste.org/explore; Zugriff 30.1.2015.

Müller, Felix. 2012. *Als die Lesesucht die Menschen krank machte.* Die Welt: Kultur. http://www.welt.de/110549077; Zugriff: 30.10.2014.

Muuß-Merholz, Jöran. 2014. *Erstes Radio-Interview zu OER auf SWR2.* http://open-educational-resources.de/2014/09/08/radio-interview-zu-oer/; Zugriff: 9.9.2014.

Pierce, Richard. 2013. *Student Performance in a Flipped Class Module.* Shenandoah University, USA.

Richter, Julia. 2014. *"Digital Natives": Von Ureinwohnern und Einwanderern.* http://politik-digital.de; Zugriff 101.10.2014.

Rosa, Lisa. 2014. *Lernen zu lehren im Internetzeitalter.* GEW-Tagung an der Uni Mainz 19./20. September 14. http://shiftingschool.word-press.com/2014/09/23/lernen-zu-lehren-im-internetzeitalter/; Zugriff: 2.11.2014.

Rövekamp, Marie. 2014. *Studierende sind zufrieden und weniger politisch.* Der Tagesspiegel. http://www.tagesspiegel.de/; Zugriff: 3.11.2014.

Roche, Mark. 2014. *Wenn Studenten sich beschweren.* Frankfurter Allgemeine Zeitung. http://www.faz.net/; Zugriff: 3.11.2014.

Rothe, Bastian. 2014. *Anwesenheitspflicht: Wie oft darf ich im Seminar fehlen?* www.study-in.de; Zugriff: 27.7.2014.

Schröder, Gerhard. 2014. *10 YouTube-Tipps für Google+-Nutzer und You-TubeEinsteiger.* http://www.schwindt-pr.com; Zugriff: 28.7.2014.

Schwan, Stephan. 2014. *Lernen mit Videos - die Perspektive der Forschung;* http://www.e-teaching.org/materialien/podcasts/; Zugriff: 29.7.2014.

Schwenke, Thomas. 2014. *EuGH zu YouTube-Videos: Embedding stellt (grundsätzlich) keinen Rechtsverstoß dar.* http://rechtsanwalt-schwenke.de/; Zugriff: 1.11.2014.

Stampfl, Nora. 2014. *Unis können nicht zurück ins analoge Zeitalter.* ZEIT ONLINE. 24.12.2014.; Zugriff. 2.1.2015.

Winterhalter, Benjamin. 2014. *Will Free Online Courses Ever Replace a College Education?* http://www.theatlantic.com; Zugriff: 6.9.2014.

[INT1]. *Video Scribes.* http://www.kommunikationslotsen.de/visual-facilitating/video-scribing/; Zugriff: am 2.8.2014.

[INT2]. *Vorlesungsaufzeichnung.* http://www.e-teaching.org/lehrszenarien/vorlesung; Zugriff: am 2.8.2014.

[INT3]. *E-Lectures - Vorlesungsaufzeichnungen.* http://www.studiumdigitale.uni-frankfurt.de/et/electure/; Zugriff: am 4.8.2014.

[INT4]. *Micro-Lectures.* http://micro-lectures.blogspot.de/p/a-micro-lecture-is-short-video.html; Zugriff: 4.8.2014.

[INT5]. *Camtasia Studio 8 – Tutorials.* http://www.techsmith.de/tutorial-camtasia-8.html; Zugriff: 6.8.2014.

[INT6]. *„Digital Natives": Von Ureinwohnern und Einwanderern.* http://politik-digital.de; Zugriff: 26.8.2014.

[INT7]. *5 Steps To Convert Existing Content into an eLearning Course Infographic.* http://elearninginfographics.com; Zugriff: 20.7.2014.

[INT8]. *ARD-ZDF Online-Studie.* http://www.ard-zdf-onlinestudie.de/; Zugriff: 7.9.2014.

[INT9]. *Weltkongress zu Open Educational Resources (OER),* UNESCO, Paris, 20.-22. Juni 2012. http://www.unesco.de; Zugriff: 11.11.2014.

[INT10]. *Website Builder.* http://en.wikipedia.org/; Zugriff: 11.11.2014.

[INT11]. *Was mich am Inverted Classroom bzw. Flipped Classroom nervt.* http://denkspuren.blogspot.de/2014/11/was-mich-am-inverted-classroom-bzw.html; Zugriff: 25.11.2014.

[INT12]. *Massive Open Online Courses at LMU Munich.* http://www.en.uni-muenchen.de/students/moocs/index.html; Zugriff: 26.11.2014.

[INT13]. *4 Tips For Creating A Sal Khan-Style Instruction Video.* http://www.fastcompany.com/3007137/industries-watch/4-tips-creating-sal-khan-style-instruction-videofrom-sal-khan;Zugriff: 3.1.2015.

[INT14]. *E-Learning Fakultät für Biologie und Psychologie: Große Lehrvideothek.* http://bit.ly/1BEIm6e; Zugriff: 4.1.2015.

[INT15]. *YaleCourses.* https://www.youtube.com/user/YaleCourses; Zugriff: 5.1.2015.

[INT16]. *Useful YouTube Player Parameters.* http://www.techairlines.com/youtube-parameters/; Zugriff: 5.1.2015.

[INT17]. *YouTube Embedded Players and Player Parameters.* https://developers.google.com/youtube/player_parameters; Zugriff: 6.1.2015.

[INT18]. *Lehrvideoserie zum Thema Evolution.* https://www.youtube.com/user/evolutionsbiologenDE; Zugriff: 10.1.2015.

[INT19]. *Hochschulforum Digitalisierung.* https://hochschulforumdigitalisierung.de/; Zugriff: 12.1.2015.

[INT20]. *EuGH zu YouTube-Videos: Embedding stellt (grundsätzlich) keinen Rechtsverstoß dar.* http://rechtsanwalt-schwenke.de; Zugriff: 6.1.2015.

VII.3 Referenzen zu Externen Videos

Alle Videos des Autors, die auf Grund ihrer Integration in curriculare Aufgabenstellungen nicht öffentlich zugänglich sind, haben die Referenzkennung [V0] und können unter folgender URL unter Angabe ihrer im Text genannten Kennung abgerufen werden:

http://www.linguistics-online.com/free/video/*[kennung]*.mp4.

[V1]   *Course Introduction and Newtonian Mechanics.* Yale University. 2008.
http://youtu.be/KOKnWaLiL8w
Zugriff: 2.8.2014

[V2]   *Einführung in die Informatik.* LMU München. WS 2014/15.
http://bit.ly/1BCPwYr
Zugriff: 5.1.2015

[V3]   *Corpus Linguistics, Methods, Analysis and Interpretation.* 2013. Lancaster University.
http://youtu.be/YJTM3i5HxsQ
Zugriff: 2.8.2014

[V4]   *Recording an Audio Podcast mp3 with Audacity.*
http://youtu.be/jXUJyV6hVHk
Zugriff: 10.9.2014

[V5]   *Podiumsdiskussion mit U. Schüller, H. J. Prömel, M. Wintermantel & K. Kornwolf, Fachtagung MOOCs und Beyond;*
http://youtu.be/rF21z_WIsaM
Zugriff: 10.10.2014

[V6]   *Die Hochschullehre im 21. Jahrhundert.*
Handke, Jürgen. Vortrag an der Uni Wien, 8.
Oktober 2014
http://youtu.be/3lDLe0r15uc
Zugriff: 20.10.2014

[V7]   *Phonetics – Basic Segments of Speech
(Consonants I).* Handke, Jürgen.
http://youtu.be/jF9qTJD25Ig
Zugriff: 10.10.2014

[V8]   *Modern Writing Systems.*
Handke, Jürgen.
http://youtu.be/9noNcgJXQPY
Zugriff: 10.10.2014

[V9]   *The Human Journey - In Search Of Human
Origins.* National Geographic.
http://youtu.be/4vOwUtywxI8
Zugriff: 5.1.2015

[V10]   *Phrase Structure – X-Bar Syntax.* Playlist.
Handke, Jürgen.
http://bit.ly/1t7U6b0
Zugriff: 4.11.2014

[V11]   *Freie Bildungsmedien (OER).*
Spannagel, Christian.
http://youtu.be/DPIzK0FssWI
Zugriff: 11.11.2014

[V12]   *The Future of Learning Environments.*
Educause.
http://youtu.be/NtPVGn04sDk
Zugriff: 15.11.2014

[V13]   *3 Ideas About Future Learning.* Smith, Peter.
Open College at Kaplan University.
http://youtu.be/6xP_GxunDPo
Zugriff: 15.11.2014

[V14]   *Reimagining Learning:*
Culatta, Richard at TEDxBeaconStreet;
http://youtu.be/Z0uAuonMXrg
Zugriff: 15.11.2014

[V15]   *Das Interaktive Whiteboard im Inverted
Classroom.* Handke, Jürgen.
http://youtu.be/i2T5eK3Qp7U
Zugriff: 1.12.2014

[V16]   *Predicate Logic I.*
Handke, Jürgen.
http://youtu.be/IhodKMPwShc
Zugriff: 12.12.2014

[V17]   *Das VZL – eine Kurzvorstellung.* Großkurth,
Eva/Schäfer, Anna Maria.
http://youtu.be/43w7RyclKVA
Zugriff: 12.12.2014

[V18]   *5 Reasons: David Crystal on „Doing
Linguistics".*
Crystal, David/Handke, Jürgen.
http://youtu.be/r4VILAGHVCs
Zugriff: 12.12.2014

[V19]   *More on Constituents I.*
Handke, Jürgen.
http://youtu.be/1-W5SFUujxI
Zugriff: 30.11.2014

[V20]   *One Million Clicks.*
        Handke, Jürgen.
        http://youtu.be/CvvgqqWKpPw
        Zugriff: 10.10.2014

[V21   *Linguistic Micro-Lectures:* The Clause.
        Handke, Jürgen.
        http://youtu.be/btSvkPTz5pI
        Zugriff: 30.11.2014

[V22]   *Class Description – Multimedia on the Web.*
        Handke, Jürgen.
        http://youtu.be/esdD7BxOUnk
        Zugriff: 28.11.2014

[V23]   *Linguistic Video Scribes - Constituent Analysis:*
        The NP. Handke, Jürgen.
        http://youtu.be/Spy3TEm51Bw
        Zugriff: 14.10.2014

[V24]   *Linguistische Typology 04.*
        http://bit.ly/1KdZgyg
        Zugriff 2.1.2015

[V25]   *Der Urknall und die Gottesfrage.*
        Schimmel, Thomas.
        http://bit.ly/1tKmOpK
        Zugriff: 5.1.2015

[V26]   *Hochschullehre Digital.*
        Handke, Jürgen.
        http://youtu.be/oM7hHE72rNw
        Zugriff: 23.1.2015

[V27]   *HTML and CSS Basics -Playlist.*
Handke, Jürgen.
http://bit.ly/1CBmmgm
Zugriff: 2.2.2015

VII.4 Bildquellen

[Q1] – *Privatarchiv des Autoren*

[Q2] – *Martin Irwin*: http://martinirwinphotography.com

[Q3] – *Men reading advertisments for jobs*, Melinda Street. Toronto Archives (Fonds 1244, Item 526): http://gencat.eloquent-systems.com/toronto.html

[Q4] – *Stanley Kubrick; Stanley Kubrick. Life and Love on the New York City Subway. Passengers reading in a subway car.* 1946. Museum of the City of New York. X2011.4.10292.30D http://mcnyblog.files.wordpress.com

[Q5] – *Das Teleprompter-System TP-300.* http://www.datavideo.info/Teleprompters/TP-300

[Q6] - *Peter Struck, a professor at University of Pennsylvania, stands in front of a green screen.* (Matt Slocum/AP; verwendet in: http://www.theatlantic.com/education/archive/2014/

[Q7] – *Die Lektüre,* Pierre Antoine Baudouin, 1760. http://en.wikipedia.org/wiki/Pierre-Antoine_Baudouin

[Q8] – *Videoproduktion an der Fernuni Hagen.* Überlassen von Dr. Sebastian Vogt, Fernuni Hagen.

VIII Index